Almuth Bartl
Cornelia Nitsch

Kunterbunte Kinderfeste

Spiele, Rezepte, Einladungen, Dekorationen

CHRISTOPHORUS

Inhalt

Kunterbunte Kinderfeste

Der nächste Kindergeburtstag kommt bestimmt und nicht wenige Mütter und Väter denken mit Bangen daran: „Was kommt da auf uns zu? Wie organisieren wir das Fest? Was können wir tun, damit aus der Geburtstagsfeier ein tolles Fest wird, das allen Beteiligten in bester Erinnerung bleibt? Eine aufwändige Angelegenheit darf daraus nicht werden ..."

Obwohl der Alltag mit Kindern oft anstrengend genug ist und die vielen Termine und Wünsche aller Familienmitglieder kaum „unter einen Hut" zu bringen sind, soll das Geburtstagsfest für jedes Kind in jedem Jahr dennoch etwas ganz Besonderes sein. Deshalb sind in diesem Buch die schönsten Ideen für ein rundum fröhliches Geburtstagsfest zusammengestellt. Es hilft Eltern, den besondern Tag für und mit ihrem Kind vorzubereiten und zu gestalten, ohne Riesenaufwand an Kosten und Zeit, mit viel Vergnügen und Leichtigkeit und mit Erfolgsgarantie, denn alle Ideen und Spiele sind erprobt und treffen den Nerv der Kinder.

Das Schnell-Such-System rund ums Fest hilft bei der Vorbereitung der Einladungen, der Tisch- und Raumdekorationen, bei leckeren Partysnacks und pfiffigen Durstlöschern, den Gewinnen und kleinen Abschiedsgeschenken. Mit dem Schnell-Such-System für Spiele gelingt die Auswahl der Spiele leicht. Dazu gibt es 10 goldene Extra-Eltern-Tipps rund ums Fest, die bei der Planung und Durchführung des Festes helfen.

Kinder, egal ob klein oder groß, mögen das überraschend neue ebenso wie Rituale. Ein paar lieb gewordene Gewohnheiten, Dinge, die nur zu ganz bestimmten Anlässen hervorgekramt werden, Spiele, die einen ganz besonderen Stellenwert im Familienleben haben. Wahrscheinlich wird jede Familie auch ganz eigene Festideen, Rituale oder Lieblingsspiele finden, die in jedem Jahr erneut diesen besonderen Tag zu einem Festtag machen.

Die 10 goldenen

Vor dem Fest

1. Das Fest übersichtlich halten

Die Anzahl der Gäste begrenzen. Als Grundregel gilt, es werden so viele Kinder eingeladen, wie der Gastgeber alt ist (plus/minus 1 Kind).

In der Kürze liegt die Würze. Drei Stunden Festdauer, maximal vier Stunden, sind wirklich genug. Das Fest wird nicht unbedingt besser, wenn es länger dauert!

Hilfe suchen, Hilfe annehmen. Den Vater, ältere Geschwister, eine Freundin oder Verwandte um Hilfe bei der Durchführung des Festes bitten. Vor allem die Küchenaufgaben wie Tisch decken und abräumen, Spülmaschine ein- und ausräumen ... delegieren. Am besten ist, sich allein auf die Aufgabe des „Animateurs" und Spielleiters zu konzentrieren.

2. Gutes Timing

Den Termin gründlich planen. Ein Samstag eignet sich zum Feiern gut, weil am Wochenende weniger Termine und Verpflichtungen sind. Am nächsten Tag können alle ausschlafen und in Ruhe aufräumen. Auch das Bringen und Abholen der Gäste macht in der Regel wenig Probleme. Eltern haben am Wochenende eher Zeit für solche Sonderaktionen.

Die Einladungen frühzeitig übergeben. Je eher die Einladungen bei den Gästen sind, desto größer ist die Wahrscheinlichkeit, dass alle Kinder kommen können. Auch Kinder haben oft einen vollen „Terminkalender"!

Andere Veranstaltungen abchecken. Wichtig ist, frühzeitig zu erkunden, ob für den Festtermin Konkurrenzveranstaltungen zu erwarten sind. Ein Schulfest, ein Fußballspiel oder ein Ferienbeginn könnte die Anzahl der Gäste verringern.

3. Gut geplant ist halb gewonnen

Vorbesprechung einplanen. Mit allen, die an den Vorbereitungen des Festes beteiligt sein sollen, besprechen, wer für welche Aufgaben zuständig ist. Der Vater könnte den Einkauf und das Fotografieren übernehmen, vielleicht backt Oma Kuchen ...

Das Fest in Gedanken einmal durchspielen. Notizen machen. Die wichtigsten Aktionen in ein paar Stichworten festhalten.

Beim Planen nicht vergessen, dass es um ein Kinderfest geht. Perfektion muss nicht sein. Eine Portion Lässigkeit und Improvisation tut jedem Fest gut!

Einerseits für viel Abwechslung im Programm, andererseits für ein paar Verschnaufpausen sorgen, damit die Kinder nicht überdrehen und das Fest einigermaßen im Rahmen bleibt. Auf ein Aktions-Spiel ein Stille-Spiel folgen lassen, auf ein Bewegungs-Spiel ein Denkspiel.

Die Dekoration planen. Aufschreiben, skizzieren, wie der Festschmuck aussehen soll, und eine Materialliste zusammenstellen.

Speisefolge aufstellen. Aufschreiben, wann von wem welche Speisen zubereitet werden, wann es was zu essen geben soll.

Besorgungs-, Einkaufsliste machen. Aufschreiben, wann welche Besorgungen und Einkäufe wo und von wem erledigt werden.

Spielmaterialien bereit legen. Alles, was gebraucht wird, Würfel, weiche Tücher als Augenbinden ..., rechtzeitig zusammensuchen. Am besten für jedes Spiel ein Extrakörbchen vorbereiten.

Tipp

Den Bereich, in dem gespielt und gefeiert wird, von Anfang a[n] begrenzen – egal ob draußen oder drinnen. Grundsätzlich gilt: Dekoriertes Gebiet ist Festgebiet.

Extra-Eltern-Tipps

4. Den eigenen Weg verfolgen

Sich bei den Festüberlegungen nicht verunsichern lassen durch andere, die vielleicht völlig andere Ideen verfolgen. Den eigenen Vorstellungen trauen!

5. Sicher ist sicher

Kostbares, Gefährliches wegräumen. Vor dem Fest sicherheitshalber alles aus dem Weg räumen, was eine Gefahrenquelle darstellen oder kaputt gehen könnte - zum Beispiel Kabel, Bodenvasen aus feinstem chinesischen Porzellan, Vogelspinnen, fleischfressende Pflanzen und Glastische.

Für Notfälle wichtige Telefonnummern parat haben. Wichtig sind Telefonnummern der Eltern der Gäste, Telefonnummer eines Arztes, Notrufnummer/Giftnotruf, Telefonnummer einer Nachbarin oder Freundin, die im Falle eines Falles schnell kommen könnte.

Einpacken für unterwegs. Ersatzhemd, Jogginganzug, Socken. Eventuell Regencapes oder -schirme, Verbandskasten (Kühlkompressen im Gefrierfach bereitlegen), Handy, Kopie der wichtigen Telefonnummern.

Während des Festes

6. Im Rampenlicht stehen

Das Kind, zu dessen Ehren das Fest gefeiert wird, in den Mittelpunkt stellen. Dies ist sein Fest. Einige Sonderbehandlungen und Extrawünsche, die normalerweise vielleicht verpönt oder streng verboten sind, werden an diesem besonderen Tag ausnahmsweise erfüllt.

7. Locker und gelassen bleiben

Wenn die Wogen hoch hergehen, wenn ein oder mehrere Kinder unzufrieden sind und nicht mitspielen wollen, nicht aus der Ruhe geraten. Den oder die Miesepeter freundlich auffordern mitzumachen. Wenn keine Lust besteht, auf ihren Unmut nicht groß eingehen, sondern möglichst unbeirrt mit den übrigen Kindern weiterspielen.

8. Loben, loben, loben

Beim Spielen das Loben nicht vergessen. Lob bringt jedes Kind zum Strahlen – eine schnell wirksame und lang anhaltende Maßnahme, die gute Stimmung macht.

9. Andenken sammeln

Weil ein Kinderfest schnell vorbei ist, ein paar Andenken sammeln und aufbewahren, die noch lange an diesen Spaß erinnern: die Einladungskarte, viele Fotos (Sofortbilder sind immer noch eine Sensation), ein Videofilm, Unterschriften von allen Gästen auf einem Extra-T-Shirt, ein Stück Dekoration, eine Kerze vom Geburtstagskuchen.

10. Ende gut, alles gut

Wie ein Fest endet, bleibt allen Kindern besonders in Erinnerung. Deshalb das Fest in guter Laune und in Ruhe ausklingen lassen. Bitte zum Schluss keine Hektik aufkommen lassen, weil vielleicht einige Spiele geplant und vorbereitet waren, die Zeit aber doch nicht mehr reicht!

Du bist eingeladen -

Ganz wichtig als Auftakt für ein Fest sind die Einladungen. Sie sollen auf die Feier einstimmen, originell und liebevoll gestaltet sein und Lust auf das Fest machen. Witzig gestaltete Einladungen regen die Fantasie an und wecken Erwartungen: „Da kommt etwas Tolles auf mich zu!"

Klingelleute

Material: Streichholzschachteln, Bunt- oder Geschenkpapier, kleine Papiertüten

So wirds gemacht: In leere Streichholzschachteln kleine Glöckchen legen. Die Schachteln dann mit bunten Papieren bekleben. Lustige fingernagelgroße Gesichter auf dünne Pappe zeichnen, dazu kinderfingerlange Arme und Beine. Alles ausschneiden und an die bunten Schachteln kleben. Auf die Rückseiten der Schachteln weiße Zettel mit den Einladungstexten kleben. Die Kingelleute eintüten, die Tüten beschriften und verteilen.

Der Einladungsblock

Material: Für jeden Gast einen sehr kleinen Notizblock.

So wirds gemacht: Die Vorderseite des Blockes mit Buntpapier oder Geschenkpapierresten bekleben. Die Blockseiten werden mit den wichtigen Angaben zum Fest beschriftet.

- Auf der ersten Seite steht: *Für meine Freundin Bernadette*
- Auf der zweiten Seite: *Du bist eingeladen!*
- Auf der dritten Seite: *Am Samstag den 23. Juli*
- Auf der vierten Seite: *Beginn 15.00 Uhr*
- Auf der fünften Seite: *Ende 18.00 Uhr*
- Auf der sechsten Seite: *Meine Adresse: Hauptstraße 17, 81536 Egling*
- Auf der siebten Seite: *Unsere Telefonnummer: 08021/264...*
- Auf der achten Seite: *Bitte mitbringen: Turnschuhe, Handtuch*

Wer will, kann die restlichen Blockseiten in Gutscheine oder Tickets verwandeln. Zum Beispiel: Gutschein für einen Rieseneisbecher „Cup Manuela", Eintrittskarte für das Video-Kino „Emil & Pauline" Reihe 1, Platz 3.

Tipp

Ausgenommen der Fall, dass wirklich alle Kinder einer Klasse oder Gruppe zum Fest eingeladen werden, sollten Einladungen nicht in der Schule oder im Kindergarten verteilt werden. Kinder, die keine Einladung bekommen, würden sonst zu Recht traurig sein und sich übergangen fühlen!

Originelle Einladungen

Einladungen mit Spitzenrand

Dies ist keine Einladung für Piraten, Gespenster oder Trapper! Einladungen mit Spitzenrand erhält man für eine „VIP-Party", eine „Nacht der Stars und Sternchen" oder eine ähnlich außerordentliche Feierlichkeit, zu der man bestgekleidete Mitglieder einer höchst vornehmen Gemeinschaft erwartet.

Material: Allerkleinste Spitzendeckchen aus Papier, etwa handtellergroß.

So wirds gemacht: Den Einladungstext in sauberster Sonntagsschrift mit einem farbigen Stift in die Mitte des Deckchens schreiben. Jedes Deckchen falten, in einen Umschlag stecken und die Einladung per Post verschicken.

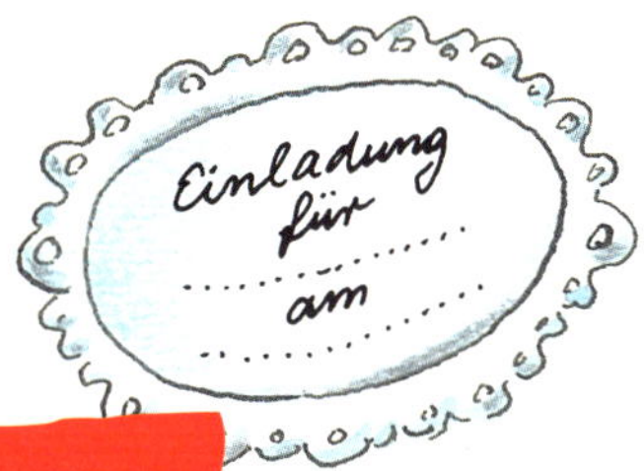

Tipp

Wer mag, kann für die Spitzendeckchen passende Briefumschläge aus Glanzfolie basteln!

Ideenbörse für Einladungskarten

- Puzzle-Einladungen: Text auf festes Papier schreiben, das Papier dann in Puzzleteile zerschneiden, diese in einen Umschlag stecken – fertig!
- Drehwurm-Karten: Den Einladungstext von innen nach außen rundherum auf eine farbige Karte schreiben, damit Freund oder Freundin einen Drehwurm bekommen, wenn sie die Einladungskarte lesen.
- Luftballon-Botschaft: Die Einladung mit einem wasserfesten Filzstift auf aufgeblasene Luftballons schreiben!
  Die Luft wieder aus den Ballons lassen und die „Schlappis" an die Freunde verschicken.
- Geheimtexte: Mit einer angespitzten weißen Kerze auf weißes Papier schreiben. In einer Ecke des Blattes mit normalem Stift den Hinweis geben: „Bitte die Seite komplett mit Wasserfarbe überpinseln!"
- E-Mail: Die eigene Geburtsurkunde scannen, mit einem kurzen Einladungstext versehen und an die Gäste mailen!
- Schlangen-Post: Für jeden Gast eine Luftschlange ausrollen, mit Einladungstext beschreiben, die Schlange wieder aufrollen, das Ende mit einem winzigen Stück Tesafilm befestigen und den Schlangentext mit der Post verschicken.

Überraschungshaus

Material: roter Tonkarton, weißes Papier, rote Briefumschläge

So wirds gemacht: Aus Tonkarton ein einfaches, kinderhandgroßes Haus mit einem Spitzgiebel schneiden. Mitten auf das Haus aus weißem Papier ein Tor mit zwei Flügeltüren kleben. In das Tor mit kleiner Schrift den Einladungstext schreiben. Dann die Türen schließen, das rote Haus in einen roten Briefumschlag stecken, den Umschlag beschriften und die Einladung verschicken

Zeitungscollage

Material: Tonpapier, ausgeschnittene Wörter aus Zeitschriften oder Zeitungen, z. B. „Kartoffelsalat", „Spaß", „Sonnenwetter", „lachen" ...

So wirds gemacht: Aus möglichst vielen Wörtern, die zu einem Fest passen, eine lustige Collage kleben. Wer mag, klebt oder zeichnet noch eine Figur, Tiere o. Ä. dazu. Die Collage in einen Computer einscannen und mehrfach ausdrucken oder sie häufiger fotokopieren. Aus Tonpapier Einladungskarten schneiden. Die Karten jeweils in der Mitte knicken. Außen auf die Karten die Namen der Freunde, innen links den Einadungstext schreiben, rechts die ausgedruckte und zurecht geschnittene Collage aus den gesammelten Wörtern kleben.

Puzzle im Schatzkästchen

Material: leere Streichholzschachteln, Bunt- und Silberpapier

So wirds gemacht: Die Streichholzschachteln innen und außen mit Silberpapier bekleben. Streifen aus Buntpapier schneiden, die so lang oder so breit wie eine Schachtel sind. Auf diese Streifen den Einladungstext schreiben. Die Papierstreifen aufrollen, in die Kästchen stecken, die Kästchen verschließen, mit Silberschnur zubinden und an den Adressaten übergeben.

Schiffsreise

Material: Tonpapier, Bilder von verschiedenen Schiffen, z. B. aus Prospekten

So wirds gemacht: Die Schiffe in einen Computer einscannen und ausdrucken oder fotokopieren. Die Bilder auf farbiges Tonpapier kleben und jeweils in der Mitte durchschneiden. Jeweils auf die linke Hälfte des Schiffes einen Einladungstext schreiben: „Liebe ..., wenn Du mit dem Schiff verreisen magst, kannst du dir die andere Hälfte des Schiffs bei meiner Geburtstagsfeier am ... abholen." Die beschrifteten Schiffteile in Umschläge stecken, die Umschläge adressieren und verschicken. Auf die andere Hälfte des Schiffs jeweils den Namen des Eingeladenen schreiben und bis zur Geburtstagsfeier aufbewahren.

Kofferclown

Material: Tonkarton in Weiß

So wirds gemacht: Mit dicken bunten Filzstiften einen kinderhandgroßen fröhlichen Clown mit lachendem Gesicht auf weißen Tonkarton zeichnen. Der Clown schleppt einen leeren Koffer mit sich herum. In dem Koffer steht der Einladungstext. Den Clown samt Koffer ausschneiden. Jetzt in Koffergröße einen Kofferdeckel auf Papier malen. Den Kofferdeckel ausschneiden auf den Koffer kleben, nur am oberen Rand befestigen. Den Kofferclown in einen Umschlag stecken und als Einladungskarte verschicken.

Was schreibe ich auf eine Einladung?

Lieber ...,
am kommenden Mittwoch habe ich Geburtstag.
Ich feiere meinen Geburtstag am Samstag,
den ...
Meine Adresse ...
Hoffentlich hast du Zeit und Lust mitzufeiern...
Sag mir bitte möglichst bald,
ob du kommen wirst.
Dein ...

Liebe ...!
Am Samstag, den ..., feiern wir meinen
Geburtstag mit Picknick und Spielen.
Beginn: ...
Treffpunkt: ...
Sag mir bitte bis Mittwoch, den ... Bescheid,
ob du kommen kannst.
Deine ...

Liebe ...,
meinen Geburtstag feiere ich am Samstag,
den ...
Beginn: ... Ende: ...
Meine Adresse: ...
Hoffentlich kannst du zu meinem Fest kommen.
Sag mir doch bitte bis zum ... Bescheid

Ich feiere ein Fest
Anlass: Mein Geburtstag. Ich werde ...
Jahre alt.
Ort: ...
Beginn: ...
Sag mir bitte bis Mittwoch,
den ... , ob du mitfeiern
kannst.
Dein ...

Knuspergirlande & Co. -

Je festlicher die Räume, der Balkon oder der Garten geschmückt sind, desto freudiger die Erwartung der Gäste auf das, was in den folgenden Stunden auf sie zukommen wird. Eine wirkungsvolle Dekoration muss nicht unbedingt mit großem Aufwand an Zeit und Geld verbunden sein, auch mit geringen Mitteln lassen sich überraschende Wirkungen erzielen!

Knuspergirlande

Material: Kekse mit einem Loch, Schnur, Geschenkband

So wirds gemacht: Girlanden sind auf Kinderfesten immer toll anzusehen. Die schönsten Girlanden aber sind die essbaren, zum Beispiel diese leckere Keksgirlande: An eine Schnur, die quer durchs Zimmer gespannt ist, werden mit dünnen Geschenkbändchen viele Keksringe geknotet. Wer will, kann auch ein paar gut eingewickelte Bonbons aufhängen!

Luftballons

Material: Luftballons

So wirds gemacht: Luftballons eignen sich prima für jede Kinderparty, weil sie den Raum schnell in einen fröhlich bunten Partyraum verzaubern:

- Besonders toll sieht es aus, wenn die Zimmerdecke voller Ballons hängt. Dazu werden die aufgeblasenen Luftballons fest an einer Wolldecke gerieben und an die Decke „geklebt". Sie bleiben, je nach Intensität der statischen Aufladung, mehrere Stunden haften.
- Mehrere Ballons mit Schnüren versehen zu Trauben zusammenfassen und in die Zimmerecken, ans Gartentor, an den Briefkasten, an die Haustür hängen.
- Bäume und Büsche vor dem Haus mit vielen bunten Ballons schmücken.

Tipp

Deko-Luftballons für draußen sollte nicht zu stark aufgeblasen werden. Bei intensiver Sonnenbestrahlung platzen sie sonst, bevor der Spielspaß beginnen kann! Wer ganz sicher gehen will, kauft Riesenballons und bläst sie nur auf normale Luftballongröße auf. Diese Riesenballons sind leider teuer. Dennoch lohnt sich die Anschaffung, weil sie immer wieder benutzt werden können.

Deko-Ideen fürs Fest

Die Erinnerungsdecke

Material: weiße Papiertischdecke, Farb- oder Filzstifte

So wirds gemacht: Für Kinderpartys aller Art eignen sich weiße Papiertischdecken. Jeder Gast darf mit bunten Stiften seinen Namen auf die Decke schreiben. Wer will, malt noch ein witziges Bild dazu oder schreibt einen speziellen Geburtstagswunsch auf. Der Gastgeber selbst schreibt das Datum des Festes auf die Tischdecke, notiert vielleicht noch, wer außer den Kindern zu Besuch kam, welche Geschenke er bekam oder malt ein Bild von der Geburtstagstorte.

Tolle Tischkarten

Tischkarten sind wichtig, damit jeder seinen Platz schnell findet und der gedeckte Tisch besonders festlich wirkt.

- Tellerbirnen: Für jeden Gast eine weiße Tischkarte und eine Birne mit Stiel besorgen. Mit einem goldfarbenen Stift die Namen der Gäste auf die Tischkarten schreiben, jede Karte in der rechten Ecke oben lochen, durch die Löcher goldene, ca. 20 cm lange Bänder ziehen und die Bänder an die Birnen binden.

- Pralinenfähnchen: Für jeden Gast eine Praline mit fester Füllung besorgen. Aus Tonpapier in verschiedenen Farben passende Fähnchen schneiden, auf die Fahnen die Namen der Gäste schreiben und an hölzerne Zahnstocher kleben. Die kleinen Fahnen in jeweils eine Praline stecken.
- Blätterwesen: Blätter von Büschen, Bäumen oder Blumen sammeln und zwischen Löschblättern oder Lagen von Haushaltspapier ein paar Tage lang in dicken Büchern trocknen und pressen. Die getrockneten und gepressten Blätter auf farbiges Tonpapier legen, die Blattformen mit einem Stift nachzeichnen und die Papierblätter ausschneiden. Beide Blätter aufeinander kleben und einen Namen auf das Papier schreiben. Wer mag, malt mit dicken Filzstiften lustige Gesichter auf die Blätter.

- Kletterhasen: Mit dickem Filzstift aufrecht stehende Hasen mit Wackelohren auf hellen Karton zeichnen und ausschneiden. Den Hasen mitten auf den Bauch die Namen schreiben und mit Klebeband an Trinkhalmen befestigen.

- Geburtstagskinder: Ein Foto des Geburtstagskindes in einen Computer einscannen und mehrfach ausdrucken oder das Foto mehrmals fotokopieren, ausschneiden und auf farbigen Tonkarton kleben. Die gleiche Form noch einmal aus Tonkarton schneiden, einen Namen darauf schreiben und beide Teile mit einem Papiersteg so verbinden, dass sie stehen können.

Tipp

Besonders schön wirken die Blattgesichter, wenn sie an Schaschlikspieße geklebt in Kuchenstückchen gesteckt werden, die auf den Gästetellern verteilt sind.

Herzgirlande

Material: Tonpapier in verschiedenen Farben, rote Bänder

So wirds gemacht: Aus rosa-, lila-, pink-, hellrot- und dunkelrotfarbenem Tonpapier etwa dreißig große Herzen schneiden, runde, dicke oder schmale lange Herzen. Jedes Herz am oberen Rand in der Mitte lochen. An jedes Herz ein 10 bis 20 cm langes Band hängen. Die Bänder sollen unterschiedlich lang sein. Alle Herzen werden an ein ca. 3 m langes Band geknotet, bevor die Girlande quer durch das Zimmer gespannt wird.

Sternenfest

Material: gelbes Tonpapier oder Tonkarton

So wirds gemacht: Aus gelben Tonpapieren in verschiedenen Schattierungen, besser noch aus Tonkarton, viele Sterne mit vier, sechs, acht oder zehn Zacken schneiden. Je mehr Sterne, desto besser! Kein Stern sollte kleiner als eine Kinderhand sein. Alle Sterne aufeinander legen, einen Stern nach dem anderen mit einer dicken Nadel auf einen langen Zwirnsfaden fädeln. Die Nadel immer in eine Sternspitze stechen. Mehrere Sternengirlanden im Zimmer oder draußen aufhängen. Wer mag, kann auch Sternlampions aufhängen.

Fransenlook

Material: Krepppapier in verschiedenen Farben

So wirds gemacht: Aus verschiedenen Krepppapieren ca. 30 cm breite Streifen schneiden. Aus den einzelnen Streifen einen kunterbunten meterlangen Streifen kleben. In den unteren Streifenrand Zacken oder Fransen schneiden.

Wer mag, kann als Variante den kunterbunten meterlangen Streifen nicht einschneiden, sondern in sich verdrehen und in Abständen von ca. 80 cm mit bunten Bändern abbinden.

Tipp

Besonders wirkungsvoll ist Glitzerlametta aus Alufolie oder Silberpapie das in lauter verschiedene Streifen geschnitten ist: dünne und breite, kurze und lange. Jeden Streifen an eir etwa 3 m langes Silberband knoten. Nach demselben Prinzip mehrere Silbergirlanden basteln und damit den Festraum schmücken.

Sonnenleuchten

Material: gelbe Papierteller, gelbes Tonpapier, breites gelbes Geschenkband

So wirds gemacht: Aus dem Tonpapier schmale und etwas breitere, lange und etwas kürzere Zacken schneiden. Die Zacken rundum an die Papierteller kleben und die Teller damit in leuchtende Sonnen verwandeln. Die Sonnen aufhängen, indem jeweils eine Büroklammer in eine ihrer Strahlen gepikst wird. Ein langes gelbes Band durch die Büroklammern fädeln und das Zimmer mit der Sonnengirlande dekorieren.

Tipp

Für ein Gartenfest können mehrere Sonnengirlanden gebastelt und zusammen mit Sonnenlampions stimmungsvoll aufgehängt werden.

Kunterbunter Schleifenschmuck

Material: ein altes Bettuch

So wirds gemacht: Das Betttuch auf dem Boden ausbreiten und mit Wasser- oder Fingerfarben bemalen. Ist die Farbe getrocknet, den Stoff in viele Streifen ganz unterschiedlicher Breite reißen. Die Streifen gründlich stärken und sehr sorgsam bügeln. Aus den kunterbunten Stoffstreifen viele bunte Schleifen binden, diese mit Wäscheklammern an ein langes Band stecken oder aufnähen. Das Schleifenband kann als Girlande oder als Tischband verwendet werden.

Tipp

Schleifen aus breiten Streifen sehen auch einzeln dekoriert besonders nett aus.

Bunte Patchwork-Blumen

Material: klein gemusterte Geschenkpapiere, viele runde Bierdeckel

So wirds gemacht: Einen Bierdeckel zweimal auf das Geschenkpapier legen, mit einem Stift umrunden und beide Papierkreise ausschneiden. Dann Blütenblätter, spitze und runde, schmale und breite, lange und kurze, aus den Papieren schneiden und bunt gemischt wie einen Kranz rund um den Bierdeckel kleben. Die Kreise zum Schluss auf die Vorder- und Rückseite des Bierdeckels kleben. Auf diese Weise möglichst viele verschiedene Blüten zusammenstellen. Die Blüten können einzeln auf dem Tisch und neben- oder untereinander auf einen meterlangen, mit bunten Filzstiften bemalten Pappstreifen geklebt und als Girlande verwendet werden.

Tipp

Wer mag, fertigt ebensolche Patchwork-Blumen aus Stoffresten. Einfarbige Stoffreste können mit Filzstiften mit kleinen oder großen Tupfen oder bunten Karos verziert werden.

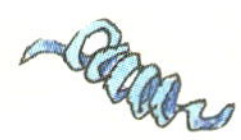

Märchenschleier

Material: Möglichst leichte, durchsichtige, pastellfarbene Stoffe, je mehr unterschiedliche Stoffe verwendet werden, desto dekorativer wird der zauberhafte Schleier! Glanzpapiere in verschiedenen Farben

So wirds gemacht: Aus den Glanzpapieren Märchenfiguren schneiden, zum Beispiel einen großen dünnen Zauberer, eine dunkle Königin der Nacht, eine gute Fee, einen liebenswerten Drachen. Dazu viele Sterne, Monde, Sonnen und Blüten. Die Motive auf die Stoffe kleben oder mit wenigen Stichen festnähen. Die Stoffe als künstlichen Himmel in den Raum hängen.

Gliederkette

Material: Zeichenpapier, Wasserfarben und dicke Pinsel

So wirds gemacht: Mit dicken Pinseln verschiedene bunte Muster auf zehn oder auch zwanzig Zeichenpapiere malen: Punkte und Kreise, Karos und Zacken, Wellenlinien und Dreiecke. Nicht nur die Vorder-, sondern auch Rückseiten der Zeichenblätter mit Mustern bemalen. Die Papiere trocknen lassen und dann in möglichst lange, ca. 10 cm breite Streifen zerschneiden. Aus einem Streifen den ersten Ring kleben. Durch den Ring einen zweiten Streifen stecken und diesen zu einem Ring kleben. Auf diese Weise aus den bunten Papierstreifen eine lange Gliederkette basteln und mit dieser Kette das Geburtstagszimmer schmücken.

Bildergalerie

Material: festes Zeichenpapier oder weißes Tonpapier, dicke Farb- oder Filzstifte

So wirds gemacht: Von jedem Geburtstagsgast ein lustiges Portrait auf festes Papier zeichnen. Die Köpfe ausschneiden und auch die Rückseiten bemalen. Mit den Bildern den Festraum schmücken: Die Köpfe mit Wäscheklammern an einer Leine befestigen, die quer durchs Zimmer gespannt ist, oder an einen Holzspieß kleben, der in einen Blumentopf gesteckt wird ...

Stoffplakate

Material: altes Bettlaken, dicke Filzsitfte

So wirds gemacht: Aus einem Bettlaken drei möglichst lange und breite Streifen reißen.

Die Streifen auf einen Tisch legen, mit Klebeband befestigen und mit dicken Filzstiften bunt beschriften:

- Den Namen des Geburtstagskindes in Riesenbuchstaben auf den Stoff schreiben und sein Geburtsdatum in großen Zahlen.
- Viele gute Wünsche für das Geburtstagskind schreiben oder malen. Oder einfach: HAPPY BIRTHDAY .
- Die wichtigsten positiven Eigenschaften des Kindes aufschreiben.

Die Stoffstreifen an beiden Enden um einen Stock wickeln, festkleben oder mit Wäscheklammern festklammern, das Tuch straff spannen und die Stöcke in die Erde stecken und das Geburtstagskind mit diesen Plakaten erfreuen.

Pappgäste

Material: große Pappstücke, dicke Filzstifte

So wirds gemacht: Mit dicken Filzstiften zusätzliche Gäste auf die Pappen malen. Zum Beispiel einen gemütlichen, kugelrunden Teddybären, der hinter einem Riesenblumenstrauß verschwindet, ein aufrecht gehendes rosa Schwein, das eine wunderbare Geburtstagstorte balanciert, eine zierliche, sehr schöne Fee, die herbei schwebt, oder einen knackigen Apfel mit lachendem Gesicht, der wackelig auf zwei Beinen steht. Die besonderen Geburtstagsgäste ausschneiden, an lange Fäden hängen und wie Marionetten im Zimmer aufhängen. Oder die Figuren mit Klebeband an langen Stöcken befestigen und draußen in Blumenbeete oder –töpfe stecken.

Festbeleuchtungen

Das Wichtigste bei einem Fest ist die gute Stimmung. Zur guten Stimmung trägt auch die Beleuchtung bei. Verschiedene Möglichkeiten, die Festräume oder einen Garten zu beleuchten, sind:

- Lampions in allen Farben, die an einer Wäscheleine baumeln. Ganz klassisch, seit Generationen immer wieder beliebt.
- Schön unkompliziert und doch stimmungsvoll sind farbige Glühbirnen, die in ganz normale Lampen geschraubt werden.
- Lichterketten, die wie Girlanden im Garten in Bäumen und Büschen hängen oder auf Fensterbänken und zwischen Grünpflanzen im Zimmer verschwinden, sind besonders wirkungsvoll.
- Teelichter, die in mit Silberfarbe innen bemalten oder besprühten alten Blumentöpfen leuchten, sind ganz einfach zu fertigen und geben ein schönes warmfunkelndes Licht.

Tipp

Bei der Festbeleuchtung kommt es nicht nur auf Schönheit an, sondern auch auf Sicherheit. Deshalb sollten Sie vor dem Fest und auch während des Festes prüfen, ob „alles seine Ordnung" hat.

Liebes Geburtstagskind

Der eigene Geburtstag ist für alle Kinder ein großer Tag. Mit kleinen Ritualen oder einer nur für diesen Tag gültigen Spiel- oder Verwandlungsidee wird dieser Tag zu einem unvergessenen Ereignis.

Die Geburtstagstasse

Die Geburtstagstasse ist ganz hinten im Geschirrschrank versteckt, denn sie wird nur an besonderen Tagen hervorgeholt. Am Geburtstag eines Familienmitgliedes bekommt sie einen Ehrenplatz gleich neben der Geburtstagskerze. Wann immer das Geburtstagskind an diesem Tag etwas trinkt, wird sie gebraucht. Am Ende des Tages verschwindet sie wieder hinten im Schrank.

Der Geburtstagskranz

Besonders beliebt bei kleinen Mädchen: ein Haarkranz, der im Frühling und Sommer aus Blumen, im Herbst aus bunten Blättern und im Winter aus Efeuranken geflochten wird. Der Kranz wird mit Spangen im Haar befestigt. Wer nicht flechten mag, kann die Blumen oder Blätter auch mit Zwirnsfaden an einem Haarreif befestigen oder aus einem Streifen Wellpappe einen Ring in Kopfgröße kleben und Blumen oder Blätter mit Klebeband befestigen.

Die Festtagskrone

Einmal eine Prinzessin, einmal ein Prinz sein, das wünscht sich jedes Kind. Am Geburtstag immerhin gibt es eine besonders schöne Krone für das Geburtstagskind!

Material: Tonpapier, Glanzpapier, doppelseitiges Klebeband, Schokoladentaler oder Bonbons

So wird die Krone gemacht: Aus Tonpapier in einer beliebigen Farbe einen ca. 20 cm breiten Streifen schneiden und den Streifen in Kopfgröße zu einem Ring zusammenkleben. Am oberen Rand Zacken einschneiden. Damit die Krone königlich schillert und glitzert, können rundum bunte Schnipsel aus Glanzpapieren aufgeklebt werden. Wer mag, näht in feine Papiere gewickelte Bonbons auf oder befestigt in Goldfolie gewickelte Schokoladentaler mit Klebeband. Sehr wirkungsvoll sind auch kleine Sterne, die aus Buntpapieren geschnitten und aufgeklebt werden.

- Der besondere Tag

Festtagsorden

Wichtige Hauptpersonen kann man auch daran erkennen, dass sie besonders ausgezeichnet sind. Sie tragen etwa einen eindrucksvollen Orden. Am Geburtstag tragen sie einen ganz besonders schönen Geburtstagsorden.

Material: Bierdeckel, gelbes Tonpapier, dicker schwarzer Filzstift, goldfarbenes Geschenkband

So entsteht ein Orden: Einen runden Bierdeckel beidseitig mit gelbem Tonpapier bekleben. Auf das Tonpapier mit einem dicken schwarzen Filzstift zwei Wünsche spiralförmig von außen nach innen schreiben: Auf die Vorderseite: „Lebe glücklich, lebe froh, wie der Mops im Paletot!" Auf die Rückseite: „Froh zu sein, bedarf es wenig. Doch wer froh ist, ist ein König!" Den Bierdeckel am Rand einmal lochen und durch das Loch ein Stück Goldband ziehen. Aus dem Band eine große Schlaufe knüpfen.

Ich wünsch dir was!

Ein Begrüßungsspiel, bei dem alle Gäste im Kreis stehen oder sitzen. Das Geburtstagskind hat seinen Platz in der Mitte. Der jüngste Spieler beginnt. Er denkt sich einen Wunsch für das Geburtstagskind aus: einen lustigen Wunsch, einen völlig verrückten oder einen Wunsch, der unbedingt in Erfüllung gehen soll. Dann erzählt er dem Geburtstagskind, was er sich ausgedacht hat. Er beginnt mit den Worten „Ich wünsche dir ...". Dann geht es im Uhrzeigersinn weiter, bis alle Gäste einen Geburtstagswunsch vorgetragen haben.

Geburtstagszauber

Geburtstagskinder verfügen über eine besondere Art von Zauberkraft. So gelingt es ihnen, durch einfaches Berühren der Gäste, diese in beliebige Tiere oder Dinge zu verwandeln! Ein Kind knattert dann in einen Traktor verzaubert durchs Haus, ein anderes hüpft als quakender Frosch herum. Natürlich kann ein verzaubertes Wesen immer wieder verwandelt werden. Vielleicht in einen Papagei, der aufgeregt mit den Flügeln schlägt und dem Geburtstagskind alles nachplappert, oder in einen Baum, der sich sanft im Wind wiegt.

Hallo Freunde -

Wenn dann endlich das Fest beginnt, wollen die Gäste herzlich begrüßt werden und das Geburtstagskind will gebührend beglückwünscht sein. Schon am Beginn eines Kinderfestes entscheidet sich, ob die versammelten kleinen Gäste den Tag fröhlich und ausgelassen verbringen werden.

Namensschilder

Jeder Gast hängt sich ein Schild mit seinem Namen wie eine Kette um den Hals – nur eine Spielerei, wenn sich alle Geburtstagsgäste kennen, eine sinnvolle Sache dagegen, wenn sich die Gäste im Laufe des Festes erst langsam kennen lernen.

Material: weißer Tonkarton, Farb- oder Filzstifte, bunte Bänder

So entstehen Namensschilder: Für jeden Gast aus Tonkarton ein Schild schneiden, ca. 10 cm lang und 5 cm breit. Auf die Schilder mit Filzstiften die Namen der Gäste schreiben. Dabei bekommt jeder Buchstabe eine andere Farbe. Mit einem Locher am oberen Rand ein Loch rechts und eines links in das Schild lochen. In den Löchern lange bunte Bänder verknoten. Die beiden Bänder zu einer großen Schlaufe knoten.

Glücksbringer

Vorbereitung: Marienkäfer aus Schokolade, Schweinchen aus Marzipan besorgen. Kleeblätter sammeln und pressen. Jeweils an einem dreiblättrigen Kleeblatt vorsichtig ein viertes Blatt mit einem schmalen Streifen Klebeband befestigen. Aus schwarzem Tonpapier Schornsteinfeger schneiden.

Zum Fest: Zu Beginn der Feier findet jeder Gast einen Glücksbringer auf seinem Platz: einen Marienkäfer, ein vierblättriges Kleeblatt, einen Schornsteinfeger, ein Schweinchen ...

Blüten sammeln

Spielidee: Die Sitzordnung an der Geburtstagstafel von Mr. Zufall festlegen lassen.

Vorbereitung: Mit Filzstiften für jeden Gast Blüten in einer Farbe auf sechs kleine Zettel malen: gelbe Blüten mit runden Blütenblättern, rote Blüten mit runden Blütenblättern ... Sind viele Kinder eingeladen, können die Blüten variiert werden. Dann gibt es auch Blüten mit spitzen Blütenblättern oder solche, die Blütenblätter in verschiedenen Farben haben.

Spielverlauf: Von jeder Sorte wird eine Blüte auf die Geburtstagstafel, eine zweite in einen Korb gelegt und die übrigen Blüten im Festraum versteckt. Sind alle Gäste eingetroffen, darf jedes Kind eine Blüte aus dem Korb nehmen und die übrigen dazu gehörenden fünf Blüten suchen. Wer alle sechs Blüten gefunden hat, sucht einen Platz an der Festtafel.

Tipp

Wer beim Suchen Blüten findet, die eine andere Farbe oder eine andere Form haben, darf die Verstecke bitte nicht verraten!

Begrüßung der Gäste

Sammeltüten

Vorbereitung: Für jeden Gast ein Namensschildchen bunt verzieren.

Zum Fest: Gleich zu Beginn des Festes bekommt jedes Kind eine Zellophantüte, in der sein Namensschild steckt. In diesen Tüten sammelt jeder, was er beim Spielen gewinnt und mit nach Hause nehmen möchte.

Tipp

Damit die Tüten nicht herumliegen und später vergessen werden, können sie mit Wäscheklammern nebeneinander an eine Leine, die quer durchs Zimmer gespannt ist, gehängt werden.

Geheime Zeichen

Material: Kartoffeln, Stempelkissen

Vorbereitung: Aus einer halbierten Kartoffel einen Stempel schnitzen und zum Beispiel die Ziffern des Geburtsdatums des Geburtstagskindes einritzen. Wichtig ist, die Ziffern in einer anderen Reihenfolge oder auf den Kopf gestellt zu zeigen, damit die Botschaft von den Gästen entschlüsselt werden kann!

Spielverlauf: Zu Beginn des Festes jedem Gast das Kartoffel-Stempelbild auf den Handrücken drücken. Wer es herausgefunden hat, was die Ziffern bedeuten, flüstert die Lösung dem Spielleiter ins Ohr.

Tipp

Geheimzeichen verbinden. Sie können dazu beitragen, dass ein Gemeinschaftsgefühl entsteht. Wenn alle Gäste dasselbe Zeichen auf der Hand haben, bedeutet das „Wir sind eine Gruppe" und „Ich gehöre dazu".

Papierkuchen

Material: weißes Malpapier, Bunt- oder Filzstifte, Schere

Vorbereitung: Zu Beginn des Spiels wird ein Papierkuchen aufgetischt. Natürlich selbst gemacht! Kreisrund, ganz einfach auf Papier gemalt. Die Anzahl der Kuchenstücke entspricht der Anzahl der Gäste. Die Kuchenstücke ausschneiden und auf die Rückseiten die Namen der Gäste schreiben.

Spielverlauf: Den Papierkuchen in die Mitte der Geburtstagstafel stellen. Jeder Gast darf sich ein Papierkuchenstück nehmen und das Kuchenstück umdrehen. Auf der Rückseite findet er den Namen des Kindes, mit dem er bei den folgenden Spielen ein Team bilden wird.

Tipp

Mit solchen Papierkuchenstückchen können auch Gruppen zu drei und mehr Spielern gebildet werden.

Auf „Los" gehts los

Die Gäste sind versammelt, schauen erwartungsvoll in die Runde und möchten am liebsten gleich etwas spielen. Ein guter Start ist wichtig, damit die richtige Stimmung aufkommt und sich Entspannung und Vergnügen breit macht.

Um die Wette füßeln

Spielidee: Mit den Füßen Gegenstände ertasten

Vorbereitung: Für alle Spieler Tücher oder Schals zum Verbinden der Augen bereitlegen. Mit Spielbeginn auf einem einigermaßen glattem Boden viele kleine Gegenstände jeweils mit einigem Abstand auslegen: ein Spielauto, einen Bauklotz, einen Kamm, einen Stein, eine Nagelbürste, ein Playmobilmännchen ...

Spielverlauf: Alle Mitspieler tasten sich mit verbundenen Augen auf Strumpfsocken durchs Zimmer. Sie versuchen, einen Gegenstand zu finden und zu ertasten, was ihnen zwischen die Zehen gekommen ist.

Zwillingshände

Spielidee: Gleiche Gesichter erkennen

Material: Schminkfarben

Spielverlauf: Alle Mitspieler stellen sich nebeneinander, schließen die Augen fest und strecken die Hände aus. Ein Spielleiter geht im Kreis herum und verwandelt jede ausgestreckte Hand in ein Gesicht, d. h. er zeichnet mit Schminkfarben Augen, Nasen und Münder in die Hände. Manche Hände verwandelt er in Zwillinge: Die Gesichter gleichen sich. Sind alle Hände bemalt, kann das Spiel beginnen: Die Kinder öffnen die Augen, schauen sich ihre Hände an und suchen nach einem Zwilling für ihre rechte oder linke Hand. Wer findet einen Zwilling? Haben sich alle Zwillinge gefunden, ist großes Händewaschen angesagt.

Tipp

Mit diesem Spiel können auch Spielpartner für Spiel bei denen jeweils zwei Kinder zusammen spielen sollen, bestimmt werden.

Hexentanz

Spielidee: Malspiel

Vorbereitung: Auf einem großen Tisch Zeichenpapiere und dicke Farbstifte auslegen. Jeder Mitspieler sucht sich einen Platz und dann gehts los!

Spielverlauf: Auf die Zeichenblätter werden um die Wette Hexen gemalt:

- Hexen, die auf Besen reiten
- Hexen, die mit ihrem Raben sprechen
- Hexen, die in Zaubererkübeln rühren
- Hexen, die auf Regenwolken sitzen
- Hexen, die aus ihrem Hexenhaus schauen

- Starter-Spiele

Außerdem eine Menge schwarze Raben, einige schwarze Spinnen und ein paar Spinnennetze. Zum Schluss werden alle Bilder gemeinsam betrachtet: Welche Hexe sieht am gruseligsten aus, welche eigentlich ganz liebenswürdig, welche besonders komisch? Am Ende der Geburtstagsfeier darf jeder sein Hexenbild mit nach Hause nehmen.

Vorsicht, Zwilling!

Spielidee: Wettspiel mit Risiko!

Vorbereitung: Für dieses spannende Spiel braucht man einen Spielwürfel, einen Zettel, einen Stift und gute Nerven!

Spielverlauf: Alle Spieler sitzen im Kreis. Der erste Spieler würfelt so oft er will und zählt dabei die erwürfelten Augen zusammen. Sollte aber eine Würfelzahl zum zweiten Mal erscheinen, sind alle bisher erreichten Punkte verloren und der nächste Spieler ist an der Reihe. Es heißt also, bescheiden sein und rechtzeitig den Würfel weitergeben. In diesem Fall wird die Summe der bisher erreichten Würfelpunkte dem Spieler gutgeschrieben. Derjenige, der zuerst 40 Punkte erreicht hat, gewinnt das Spiel.

Versteinerungen

Spielidee: Einen „versteinerten" Mitspieler nachahmen

Spielverlauf: Ein Spieler setzt oder stellt sich als Kunstwerk in eine bestimmte merkwürdige Pose und „versteinert". Ein zweites Kind, dem die Augen verbunden wurden, darf die Skulptur eine Minute lang genau abtasten, damit es als Nachbildung des Kunstwerks möglichst exakt die gleiche Haltung einnehmen kann. Die Augenbinde wird dann abgenommen, damit es sich selbst überzeugen kann, wie gut die Nachahmung gelungen ist.

Ein Vergnügen für Spieler und Publikum!

Tipp

Tolle Erinnerungsbilder entstehen, wenn die „Skulpturen" fotografiert werden!

Stempeljagd

Spielidee: Um die Wette Stempelmotive sammeln

Vorbereitung: Fünf Stempel mit unterschiedlichen Motiven an fünf weit voneinander entfernten Orten platzieren – zum Beispiel im Briefkasten, auf dem Kühlschrank, auf dem Balkontisch, in der Hundehütte usw. Bilder von jeweils fünf Fundorten, die das Geburtstagskind vor dem Fest gemalt hat, an einer Wand befestigen.

Spielverlauf: Je nachdem, wie viele Gäste anwesend sind, geht jedes Kind einzeln auf Stempeljagd oder es werden Gruppen zu zwei oder drei Spielern gebildet, die gemeinsam zum großen Halali aufbrechen. Jede Gruppe hat ein Blatt Papier dabei, auf dem sie zum Beweis ihres Jagderfolges die Stempelabdrucke sammeln. Es gewinnt, wer zuerst sein Blatt, mit allen fünf Stempelbildern verziert, beim Spielleiter abgibt.

Schnipselpunkte sammeln

Spielidee: Spielpunkte erjagen

Material: Zehn Zettel, auf die mit dicken Stiften verschiedene bunte Muster gemalt sind. Auf fünf der zehn Zettel stehen auf der Rückseite die Zahlen 1, 2, 3, 4 und 5. Bunte Papierschnipsel als Spielmarken.

Spielverlauf: Die Zettel mit der Musterseite nach oben und möglichst viel Abstand auf dem Boden auslegen. Alle Spieler reihen sich an einer Ziellinie auf, starten auf „Los", steuern auf einen Zettel zu, heben ihn auf und rennen damit zum Spielleiter. Wer zuerst beim Spielleiter ist, ruft „Stop!", denn jetzt dürfen alle anderen keine Zettel mehr nehmen. Sie müssen zum Startpunkt zurückkehren. Wer eine 5 auf der Rückseite seines Zettels findet, erhält fünf Spielmarken, wer eine 4 findet, vier Marken ... und wer keine Zahl entdeckt, bekommt leider keine Marke! Gewinner ist, wer nach fünf Spielrunden die meisten Marken gesammelt hat.

Doppelhandkunst

Spielidee: Lustiger Malwettbewerb mit Hindernis

Material: große Zeichenblätter, Farbstifte

Spielverlauf: Reihum bekommen die Kinder in jede Hand einen andersfarbigen Stift. Sie sollen gleichzeitig mit der rechten und mit der linken Hand einen Gegenstand (Schneemann, Auto, Geburtstagskerze ...) oder ein Tier auf ein Zeichenblatt malen. Die fertigen Kunstwerke werden an einer Schnur, die durch den Raum gespannt ist, mit Büroklammern aufgehängt.

Gerissene Zeitungsbilder

Spielidee: Tolle Tiere aus Papier reißen

Material: Zeitungspapier

Spielverlauf: Dies ist wirklich ein schwieriges Spiel. Da es aber auch sehr, sehr lustig ist, sollte man es unbedingt ausprobieren. Jeder Spieler bekommt einen halben Bogen Zeitungspapier, den er hinter seinem Rücken hält. Nun sollen alle, je nach Wunsch des Geburtstagskindes, aus dem Papier zum Beispiel eine Ente, ein Schwein oder ein Auto, ein Flugzeug oder einen Baum reißen. Die fertigen Zeitungskunstwerke werden auf den Tisch gelegt. Na, da gibt es bestimmt was zu lachen! Wer hat das lustigste Zeitungsbild hergestellt?

Treppen steigen

Spielidee: Wortketten bilden

Spielverlauf: Alle Mitspieler versammeln sich am Fuß einer Treppe. Der Jüngste darf die Treppe zuerst hinauf wandern. Auf jeder Treppenstufe muss er einen Tiernamen sagen. Langes Nachdenken ist dabei nicht erlaubt! Dann ist der Zweitjüngste an der Reihe ... Nach den Tiernamen sind in der folgenden Spielrunde Pflanzennamen gefragt. Dann Jungennamen, Mädchennamen oder Städtenamen. Wer nicht weiter weiß, scheidet aus. Gewinner sind die Spieler, die zum Schluss noch übrig bleiben.

Spielebörse

Spielidee: Hüpfend das folgende Spiel bestimmen

Vorbereitung: Kleine Dosen oder Schachteln in der Größe von Seifenschachteln besorgen. In jede Dose oder Schachtel einen Zettel mit einer Spielanleitung legen und die Dosen gut verschließen. Vor Spielbeginn mit Kreide auf einem glattem Boden ein Ziel markieren.

Spielverlauf: Jeder Spieler bekommt eine Dose oder Schachtel und versucht, auf einem Bein hüpfend, die Dose möglichst schnell ins Ziel zu bringen. Wer seine Dose zuerst im Ziel hat, darf sie öffnen und den Zettel daraus entnehmen. Anschließend wird dann das Spiel gemacht, das auf diesem Zettel beschrieben ist.

Überraschungdrinks

Liebe geht durch den Magen – beim Kinderfest sind fröhliche Gäste immer willkommen. Deshalb ist es besonders wichtig, dass Speisen und Getränke auf den Tisch kommen, die bei Kindern hoch im Kurs stehen. Überraschungsdrinks und kleine Schlemmereien gehören auf die Geburtstagstafel.

Quatschtorte

Zutaten: Grundrezept ist ein Rezept für einen Sandkuchen aus dem Backbuch. Lebensmittelfarben, z. B. in Rot, Grün, Blau

So gehts: Für die Quatschtorte die doppelte Menge Teig nach Anleitung zubereiten. Den Teig in drei gleichgroße Teile teilen und jeden mit einer anderen Lebensmittelfarbe einfärben. Den Teig abwechselnd in eine gebutterte runde Tortenform schichten und eine Gabel einige Male durch den Teig ziehen, damit ein buntes Marmormuster entsteht. Der Kuchen wird nach Anleitung gebacken. Sobald die Quatschtorte etwas abgekühlt ist, kann sie mit Zuckerguss überzogen und mit vielen bunten Zuckerstreuseln, am besten mit bunten Zuckerkonfettis bestreut werden.

Puddingkönig & Puddingkönigin

Eine große Portion Vanillepudding kochen und beim Abfüllen in eine Schüssel eine getrocknete Erbse im Pudding verstecken. Wer die Erbse findet, wird Puddingkönig oder Puddingkönigin und darf für den Rest des Tages eine besondere Auszeichnung tragen.

Tipp

Als Puddingorden eine große Schleife aus breitem rotem Schleifenband binden, auf eine große Sicherheitsnadel stecken und das Wort PUDDINGKÖNIG bzw. PUDDINGKÖNIGIN darauf schreiben.

Glanzlichter

Tortenstücke, Puddingschälchen und Eisbecher sehen noch viel toller aus, wenn sie mit einer kleinen Geburtstagskerze verziert sind. So hat neben dem Geburtstagskind auch jeder Gast die Ehre, ein Kerzchen auszublasen.

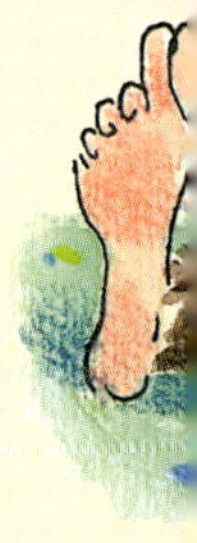

& Schlemmereien

Affenstarke Schokomilch

Für vier Kinder:

2 reife Bananen

4 Kugeln Schokoladeneis

1/2 Liter fettarme Milch

So wird Schokomilch affenstark: Die geschälte Banane in Stücke brechen und im Mixer mit wenig Milch pürieren. Das Schokoladeneis dazugeben und langsam mit Milch auffüllen. Alles gut mixen und in vier Gläser gießen. Von einer ungeschälten Banane vier Scheiben abschneiden. Die Scheiben mit Zitrone beträufeln, damit die Banane nicht braun wird. Jede Scheibe so weit anritzen, dass man sie auf den Rand eines Glases stecken kann. Mit einem Strohhalm servieren.

Gespensterbrühe

Um den Durst von zwei Gespenstern zu löschen, braucht man:

2 Kiwis

1 Teelöffel Honig

1 Messerspitze Zimt

1/2 Liter Zitronenlimonade

Tipp

Dicke Makkaroni können für kalte Getränke als Strohhalme verwendet werden.

So entsteht Gespensterbrühe: Zur Zubereitung dieser delikaten Angelegenheit schleicht man nach Einbruch der Dunkelheit in die Küche, schält erbarmungslos zwei Kiwis und zerstückelt sie mit einem Messer. Sodann gibt man Kiwistücke, Honig und Zimt in eine Schüssel und zerquetscht alles mit einem Knochen – ein Löffel ist ebenso gut geeignet! – zu Mus. Das Mus wird lautlos in zwei Suppenteller gefüllt und mit Zitronenlimonade aufgegossen.

Tipp

Gespenster schlürfen die Brühe am liebsten mit dicken Strohhalmen oder löffeln sie mit gewöhnlichen Esslöffeln, wenn sich als Einlage noch kleingeschnittene Weingummiwürmer in der Brühe befinden.

Schlabber-schleim

> **Tipp**
> Als Dekoration für die Gläser eignen sich Weingummiwürmer, die lässig über den Glasrand hängen.

Gespenster, Hexen, Vampire und andere Sonderlinge löschen ihren Durst mit Schlabber-Schleim! Ein Päckchen roter oder grüner Wackelpudding wird so zubereitet, wie es auf der Packung steht. Allerdings gießt man eine große Tasse Wasser mehr in den Topf als vorgeschrieben! Die abgekühlte, gelierte Masse wird gut durchgerührt und in Gläsern mit dicken Strohhalmen serviert.

Schokobeeren

Für vier Kinder:

20 schöne große Erdbeeren
1 Tafel Schokolade oder 1 Förmchen Kuvertüre
20 Schaschlikspieße
1 Melone oder 1 Grapefruit

So wirds gemacht:

Die Schokolade in kleine Stücke brechen und im Wasserbad schmelzen. Die gewaschenen und gut trockengetupften Erdbeeren werden nacheinander einzeln in die Schokolade getaucht und zum Trocknen auf einen großen Teller oder ein Kuchengitter gelegt. Die Schokobeeren einzeln auf einen Holzspieß stecken und diesen wiederum z. B. in eine halbe Melone oder Grapefruit pieksen.

Gefrorene Früchte für kalte Getränke

Weintrauben, Erdbeeren oder Himbeeren nebeneinander auf einen flachen Teller legen und einfrieren. Diese „Kühlfrüchte" wie Eiswürfel zum Getränk in die Gläser füllen.

> **Tipp**
> An besonders heißen Tagen werden die gekühlten Früchte als „Eisbonbons" gelutscht!

Knabber-Poker

Für das Knabberfutter sechs Schälchen mit Rosinen, Nüssen, Bananenchips füllen. In jedem Schälchen steckt ein Schild mit einer Würfelzahl von 1 bis 6. Alle Kinder sitzen mit kleinen Papiertüten und Löffeln bewaffnet um den Tisch herum. Das Geburtstagskind darf zuerst würfeln. Je nachdem, welche Zahl fällt, darf es sich einen Löffel voll Knabberfutter aus dem entsprechenden Schälchen in seine Tüte füllen. So wird reihum weitergespielt, bis die Schälchen geleert sind und jedes Kind sein persönliches Knabber-Müsli zusammengewürfelt hat.

Stachelschlange

Für eine Schlange:

1 Stangenweißbrot
Butter oder Majonäse
100 g gekochten Schinken
150 g Schnittkäse
einen kleinen Kopfsalat
2 große Tomaten

Die Schlangenstacheln bestehen aus:
200 g Schnittkäse
schöne Weintrauben oder/und
Cocktailtomaten
20 Holzzahnstocher

So entsteht eine Stachelschlange:
Das Weißbrot der Länge nach durchschneiden und beide Hälften mit Butter oder Majonäse bestreichen. Das Brot mit gründlich gewaschenen und abgetropften Salatblättern, mit Schinkenscheiben und Käsescheiben belegen. Die in dünne Scheiben geschnittenen Tomaten zuletzt auf den Käse legen und die zweite Weißbrothälfte vorsichtig darüber klappen. Für die Stacheln den Käse in ca. 20 gleich große Würfel schneiden. Jeden Würfel auf einen Zahnstocher stecken und mit einer Weintraube oder einer Cocktailtomate verzieren. Die Käsestacheln gleichmäßig verteilt in das belegte Weißbrot stecken.

Kartoffel & Co.

Zutaten:
große Kartoffeln
dünne Speckscheiben
Schnittlauch
verschiedene frische Kräuter
Butter, Sauerrahm, Crème fraîche
Salz und Pfeffer

Kartoffeln und Beilagen vorbereiten:
Große vorgekochte Kartoffeln einzeln in Alufolie wickeln und im Backofen garen.

In der Garzeit können viele verschiedene Beilagen vorbereitet und in kleine Schälchen gefüllt werden:

- kross gebratene, dünne Speckscheiben
- klein gehackter Schnittlauch
- Kräuterbutter
- grüne Soße, bestehend aus Sauerrahm, Crème fraîche, Salz, Pfeffer und vielen klein gehackten Kräutern
- Schinkensoße, bestehend aus Frischkäse mit klein geschnittenem Schinken, Salz, Pfeffer und einem Schuss süßer Sahne

Die Kartoffeln werden am Tisch vorsichtig aus der Alufolie gepackt, halbiert, mit den Beilagen belegt und verspeist.

Lieblings-Hamburger

Zutaten:
Brötchen
gemischtes Hackfleisch, Zwiebeln, Senf, Salz
Blattsalat
Tomaten
Majonäse und Ketchup

Zur Auswahl anbieten:
Brötchen, Fleischküchlein, Salatblätter, Tomatenscheiben auf verschiedenen Tellern anrichten und verschiedene Soßen dazu stellen. Die Auswahl der Zutaten für den persönlichen Lieblings-Hamburger wird den Gästen viel Spaß machen! Sie werden üppige oder nicht ganz so üppige Hamburger zusammenstellen, Salat und Tomaten oder Fleischküchlein mit Zwiebeln bevorzugen.

Jetzt gehts rund

Die Kinder bei Laune zu halten und gleichzeitig zuviel Überschwang zu vermeiden, heißt, bei der Auswahl der Spiele eine gute Mischung aus leisen und lauten, stillen oder lebhaften Spielen zu treffen. Bei der Gestaltung eines Geburtstagsfestes kommt es auf die richtige Spannung an.

Blumen pflücken

Spielidee: Sich bewegen und reagieren

Vorbereitung: Aus einem Gartenkatalog möglichst viele Blumen ausschneiden. Vor Spielbeginn die Blumen auf dem Boden im Zimmer verteilen.

Spielverlauf: Alle Kinder tanzen nach Musik zwischen den Blumen. Wird die Musik unterbrochen, muss jedes Kinde eine Blume „pflücken". Wer keine findet, darf nicht weiter mittanzen.

Lebendige Fotoapparate

Spielidee: Sehen und erinnern

Vorbereitung: Zehn verschiedene Gegenstände, zum Beispiel ein Spielzeugauto, einen Stift, einen Schlüssel ... auf ein Tablett legen und das Tablett mit einem Tuch abdecken.

Spielverlauf: Lebendige Fotoapparate werden vor den Augen einer sachkundigen Jury einem Blitztest unterzogen! In der Kreismitte liegen auf einem Tablett unter einem Tuch verborgen zehn verschiedene Gegenstände. Das erste Kind darf sich als lebendiger Fotoapparat beweisen. Das Tuch wird weggezogen und das Kind hat genau fünf Sekunden Zeit, sich einzuprägen, was da alles auf dem Tablett liegt, bevor der Spielleiter die Dinge wieder zudeckt. Hat die kurze Belichtungszeit ausgereicht, um wenigstens fünf Gegenstände zu benennen? Wer sieben oder gar mehr Dinge aufzählen kann, verdient auf jeden Fall einen Preis und das Testurteil „sehr gut"!

Verschwunden

Spielidee: Eine Veränderung bemerken

Vorbereitung: 20 kleine Gegenstände, zum Beispiel einen Schlüssel, einen Löffel, einen Strohhalm ... auf ein Tablett legen. Ein Tuch und eine Uhr mit Sekundenzeiger bereithalten.

Spielverlauf: Alle Kinder dürfen die Dinge gemeinsam zehn Sekunden lang anschauen, bevor der Spielleiter ein Tuch darüber deckt. Während sich die Kinder umdrehen und ihre Augen fest zukneifen, nimmt der

– Spiele im

Spielleiter einen Gegenstand vom Tablett und ordnet die übrigen Dinge neu an. Jetzt dürfen sich die Kinder wieder umdrehen und die Gegenstände auf dem Tablett anschauen. Derjenige, der zuerst den Namen des verschwundenen Gegenstandes nennt, erhält einen Punkt. Es gewinnt, wer zuerst drei Punkte ergattern kann.

Punktekreis

Spielidee: Ein Team bilden

Vorbereitung: Einen Kreis aus 18 rot, gelb, grün, blau, schwarz und weiß bemalten oder mit entsprechenden Papieren beklebten Bierdeckeln legen. Die Farben dabei mischen und einen Startpunkt markieren. Große Würfel bereit halten.

Spielverlauf: Die Spieler treten paarweise an.
Der eine wirft einen Farbwürfel, der andere wandert im Kreis herum. Zuerst darf das Geburtstagskind würfeln: Wirft es zum Beispiel Gelb, darf sein Mitspieler bis zum ersten gelben Deckel vorrücken und den Deckel aufheben. Dann würfelt der nächste Spieler. Gewinner ist, wer zum Schluss die meisten Deckel gesammelt hat.

Tipp

Wer die Suche nach einem Teampartner mit einem Spiel verbinden will, zerschneidet ausrangierte Fotos, Postkarten oder Kalenderblätter jeweils in zwei unregelmäßige Hälften, legt die Teile in einen Korb und lässt alle Kinder mit geschlossenen Augen ein Puzzleteil nehmen. Es bilden jeweils die Kinder ein Team, die zusammengehörige Puzzleteile gezogen haben.

Hör doch mal!

Spielidee: Geräusche raten

Spielverlauf: Psst! Bei diesem Spiel müssen alle ganz leise sein, damit man die Rätselgeräusche genau hören kann! Einem Spieler werden die Augen verbunden. Alle übrigen Kinder machen nacheinander bestimmte Geräusche, die erraten werden sollen:

- ein Buch zuklappen
- das Fenster öffnen
- Limonade in ein Glas gießen
- ein Stück Zeitung zerreißen
- in eine Karotte beißen
- ein Schloss mit einem Schlüssel zusperren
- einen Reißverschluss auf- und zumachen
- die Vorhänge vorziehen
- ein Stück Papier zerknüllen
- mit den Fingerkuppen auf einen aufgeblasenen Luftballon trommeln

Wunschwürfel

Spielidee: Wunschzahlen würfeln

Material: großer Würfel

Spielverlauf: Alle Kinder sitzen im Kreis. Der erste Spieler nennt seinem linken Nachbarn eine Zahl zwischen eins und sechs und gibt dem Nachbarn den Würfel. Der würfelt und hat das Spiel gewonnen, wenn er tatsächlich die vorgegebene Augenzahl würfelt. Falls nicht, nennt er eine andere Zahl und gibt den Würfel an seinen linken Nachbarn weiter. So wird weitergespielt, bis es schließlich einem Kind gelingt, einen Würfelwunsch zu erfüllen.

Der Wunschstab

Spielidee: Wünsche erfüllen

Material: dünner Stab, Glanzpapier in verschiedenen Farben, Papierbecher

Vorbereitung: Den Wunschstab mit bunten Schnipseln aus Glanzpapieren bekleben. Kleine Überraschungen bereithalten, die vor Spielbeginn unter den Papierbechern versteckt werden.

Spielverlauf: Auf einem Tisch stehen acht umgestülpte Becher. Unter jedem Becher ist ein kleines Präsent oder eine Süßigkeit versteckt. Das Geburtstagskind sucht zuerst einen Becher aus, tickt ihn mit seinem Wunschstab an, schaut nach, was sich unter dem Becher verbirgt, und darf die kleine Überraschung einstecken. Dann reicht es den Wunschstab an einen Mitspieler weiter, der den nächsten Becher antickt. Das Spiel endet, wenn alle einmal an der Reihe waren.

Tischtennis-Solo

Spielidee: Mit Puste einen Ball von Becher zu Becher hüpfen lassen

Material: fünf gleichgroße Eierbecher, Tischtennisball, Uhr mit Sekundenzeiger

Spielverlauf: Die Eierbecher stehen in einer geraden Reihe hintereinander auf dem Tisch. Im vordersten Becher liegt ein Tischtennisball. Während ein Spieler die Sekunden mit einer Uhr stoppt, pustet ein anderer den Tischtennisball von einem Eierbecher in den nächsten, bis das Bällchen schließlich im letzten Becher liegt. Die dafür benötigte Zeit wird notiert. Fällt der Ball auf den Boden, ist das nicht schlimm. Der Spieler legt ihn in den Becher zurück, aus dem er ihn zuletzt gepustet hat, und spielt sofort weiter. Gewinner ist, wer das Tischtennis-Solo als Schnellster geschafft hat.

Kartenblitz

Spielidee: Spielkarten blitzschnell erkennen

Material: Spielkarten

Spielverlauf: Die Spielkarten werden auf einem Tisch wahllos offen ausgelegt. Sind alle Kinder bereit, dann geht der Spaß los! Der Spielleiter nennt eine beliebige Karte, zum Beispiel Herz König. Alle Kinder suchen sofort danach und derjenige, der zuerst seinen Finger auf die Karte legt, darf sie an sich nehmen. So wird blitzschnell weitergespielt, bis alle Karten an der Reihe waren. Gewonnen hat, wer am Ende die meisten Karten besitzt.

Tipp

Es ist nicht schlimm, wenn ein Kind ein Spiel nicht mitspielen will, unlustig oder gar quengelig ist. Falls auch nach freundlicher Aufforderung einfach kein Interesse besteht, spielen die übrigen Kinder weiter. Sicher ist der Miesepeter beim nächsten Spiel dann doch wieder dabei.

Blitzkostüme

Spielidee: Modenschau der Blitzkostüme

Material: viele alte Kleidungsstücke in einem Wäschekorb: Badehauben, Hüte, Gürtel, Schuhe, Taucher- und Sonnenbrillen, Schals, Mützen, Nachthemden und vieles mehr.

Spielverlauf: Sobald das Startzeichen ertönt, haben alle Kinder genau drei Minuten Zeit, so viele Kleidungsstücke wie möglich anzulegen. Dazu erklingt laut lustige Musik. Wenn die Musik verklingt, weiß jeder, dass die Verkleidungszeit vorbei ist.

Jetzt dürfen die verkleideten Gäste eine „Modenschau" aufführen und sich gegenseitig bestaunen. Dabei wird gemeinsam nachgezählt, wer denn jetzt wirklich die meisten zusätzlichen Kleidungsstücke trägt.

Tipp

Für die originellste Verkleidung kann ein Extra-Preis vergeben werden. Dabei dürfen alle Kinder mitreden.
Nicht vergessen, die Gäste in ihren Blitzkostümen zu fotografieren!

Tolle Deko-Ideen

Spielidee: Spaß beim Gestalten

Material: Stoffreste, Krepppapier, bunte Bänder, Mal- und Bastelpapiere, Farbstifte

Spielverlauf: Zwei Mannschaften dekorieren um die Wette jeweils ein Stück Treppengeländer. Die Gruppe, die eine wirklich originelle Idee verwirklicht hat, gewinnt das Spiel.

Berührungen

Spielidee: Ratespiel mit sanften Berührungen

Material: weiches Tuch zum Verbinden der Augen

Spielverlauf: Ein Spieler, dem die Augen verbunden wurden, stellt sich mit dem Gesicht zur Wand. Jetzt kommt ein Mitspieler und krault ihm den Nacken, zupft an seinem Ohrläppchen oder streichelt ihm den Rücken. Wer mag das wohl sein?

Würfelspaß mit Gummibärchen

Spielidee: Glücksspiel mit Gewinn

Vorbereitung: Einen Farb- und einen Punktewürfel sowie viele Gummibärchen bereitlegen.

Spielverlauf: Möglichst viele Gummibärchen auf dem Tisch auslegen. Dann mit den beiden Würfeln um die Bärchen würfeln. Wer die Farben Rot und die Zahl 4 würfelt, darf sich zwei Gummibärchen vom Tisch nehmen. Wer Blau und eine 2 wirft, hat Pech gehabt. Er darf sich kein Bärchen nehmen, weil es blaue Gummibären nicht gibt. Wer die Farbe Gelb und die Zahl 5 würfelt, aber auf dem Tisch nur noch zwei gelbe Bärchen findet, darf keine Bärchen einsammeln. Gewinner ist, wer zum Schluss am meisten Gummibärchen gewonnen hat

Kegelnest

Spielidee: Kegeln mit Hindernis

Vorbereitung: Neun Papprollen mit Buntpapier, Geschenkpapierresten oder Bastelfolie bekleben und so in lustige Kegel verwandeln. Für jeden Mitspieler einen Tennis- oder Tischtennisball bereitlegen.

Spielverlauf: Die Kegel in drei Reihen zu je drei Rollen möglichst am Ende eines langen Flurs aufstellen. Alle Spieler begeben sich an das andere Ende des Flurs. Dann dreht sich der erste Kegler um, bückt sich und rollt einen Ball durch seine Beine hindurch in Richtung auf das Kegelnest. Wie viele Kegel fallen? Die Anzahl der umgefallenen Kegel wird für jeden Spieler notiert. Wer schafft „alle Neune" mit einem Wurf?

Sockenarena

Spielidee: Sockenjagd zum Austoben

Vorbereitung: Mit Klebeband oder Kreide auf dem Boden ein Quadrat mit etwa zwei Metern Seitenlänge als Arena markieren.

Spielverlauf: Alle Spieler begeben sich auf Strümpfen in die Arena. Sobald das Startzeichen gegeben wird, versuchen sich alle gegenseitig die Socken auszuziehen. Klar, dass es dabei zu einem ziemlichen Gerangel kommt. Verlassene Socken werden aus der Arena geworfen. Wer zuerst barfuß ist, hat verloren und überredet seine Spielgefährten zu einer weiteren Kampfrunde in der Sockenarena.

Tipp

Achten Sie darauf, dass nicht zu viele Kinder gleichzeitig in der Arena sind. Bei einer großen Kindergesellschaft können auch Spielpartner oder Spielpaare gegeneinander antreten.

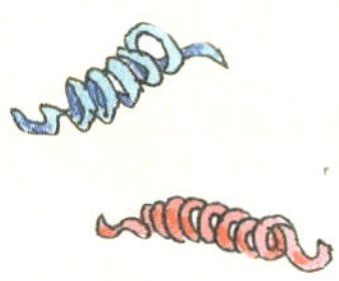

Anti-Streit-Würfel

Kommt beim Spielen Streit auf und es ist abzusehen, dass sich die Gemüter lange Zeit nicht mehr beruhigen und dadurch der Festerfolg in ernstliche Gefahr gerät, so darf jedes Kind einmal würfeln und wer die höhere Zahl erwürfelt, hat Recht! Wichtig dabei ist, dass man den Streithähnen vorher eindringlich sagt, dass sie sich an das Urteil des Würfels halten müssen.

Mäusekarussell

Spielidee: Bewegen und Spaß haben

Vorbereitung: Aus einem alten Bettlaken einen etwa 50 cm breiten Streifen reißen und aus dem Stoffstreifen einen Ring nähen. Auf den Ring mit einem dicken schwarzen Filzstift viele Mäuse zeichnen, die hintereinander herlaufen.

Spielverlauf: Mehrere Kinder stellen sich Rücken an Rücken in den Ring und halten das Mäusekarussell mit den Händen. Dann wird das Karussell in Bewegung gesetzt: entweder mit den Händen die Stoffbahn kreisen lassen oder selbst im Kreise gehen. Was klappt besser?

Tassenspiel

Spielidee: Glücksspiel

Vorbereitung: Einen Kreis aus möglichst vielen umgestülpten Bechern und Tassen auf einen Tisch stellen. Unter jedem Becher und unter jeder Tasse eine Kleinigkeit verstecken: einen Keks, ein Bonbon oder ein Kaugummi ... In dem Kreis einen Startpunkt bestimmen und einen Würfel bereitlegen.

Spielverlauf: Das Geburtstagskind darf zuerst würfeln. Wirft es eine 2, zählt es vom Startpunkt im Uhrzeigersinn zwei Becher oder Tassen weiter, wirft es eine 5, zählt es fünf Becher oder Tassen weiter. Dann darf es den zweiten bzw. den fünften Becher oder die Tasse, aus dem Spiel nehmen und das einsammeln, was darunter versteckt war. Dann ist der nächste Spieler an der Reihe. Das Spiel endet, wenn alle Tassen oder Becher aus dem Spiel genommen sind.

Der nasse Sack

Spielidee: Kräfte messen

Spielverlauf: Ein Spieler legt sich als „nasser Sack" auf den Boden. Dann probiert reihum jedes Kind, ob es ihm gelingt, den „nassen Sack" umzudrehen. Wer das schafft, darf sich gleich selbst in einen „nassen Sack" verwandeln. Wenn es keinem Einzelnen gelingt, dürfen zwei oder drei Kinder mit vereinten Kräften noch einmal probieren.

Geisterbahn

Spielidee: Kreativität entfalten

Vorbereitung: Einen Extraraum, Kellerraum oder Speicher in eine Geisterbahn verwandeln. Den Raum spärlich oder gar nicht beleuchten und mit Gruselgestalten ausstatten.

Der Luftgeist: Einen weißen Luftballon prall aufblasen. Mit Klebeband Augen, Nase, Mund auf dem Ballon befestigen: Aus schwarzem Tonpapier große Kulleraugen, einen riesigen Mund mit weißen Papierspitzzahn, eine dreieckige Breitnase mit weißen Riesenasenlöchern. Den weißen Geisterkopf an einen in weißes Tuch gehüllten Stuhl binden.

Das Leuchtgespenst: In eine Schmalseite eines Schuhkartons ohne Deckel ein Loch in Taschenlampengröße schneiden. Durch das Loch eine Stabtaschenlampe in den Karton stecken. Die Lampe mit Klebeband im Karton befestigen.

Sie darf die Kartonwände nicht berühren! Die offene Seite des Kartons mit Pergamentpapier zukleben, auf das mit dickem schwarzem Filzstift große unheimliche Gespensteraugen, eine kleine Nase und ein niedliches Gespenstermündchen gemalt ist. Den Gespensterkopf auf eine Figur setzen, die aus einem mit geknülltem Zeitungspapier ausgestopften weißen Hemd und einer ausgestopften Schlabberhose mit Socken entstanden ist. Wenn die Taschenlampe angeschaltet ist, häufiger überprüfen, ob der Gespensterkopf nicht zu heiß wird.

Das Zeitungsungetüm: Aus Tageszeitungen ganz verschiedene, möglichst große Ungetüme schneiden mit Lochaugen und Lochmündern. Die Ungetüme mit Wäscheklammern an einer Leine aufhängen, die quer durchs Zimmer gespannt ist.

Das Bettlakenungeheuer: Auf eine Hälfte eines alten zerschlissenen Bettlakens mit dickem schwarzem Filzstift ein gruseliges Ungeheuer zeichnen. Das Laken über eine Leine im Zimmer hängen und so auseinander ziehen, dass man das Ungeheuer gut erkennen kann. Das seltsame Wesen von hinten mit einer Lampe anstrahlen.

Spielverlauf: Die Kinder gehen, ausgerüstet nur mit einer Taschenlampe, nacheinander allein durch die Geisterbahn. Wer sich wohl am schlimmsten gruselt? Kennt etwa ein Kind überhaupt keine Angst vor Gespenstern?

Tipp

Für kleinere Kinder, die sich vielleicht wirklich vor den Gespenstern fürchten, ist es hilfreich, wenn sie mit einem größeren Kind zusammen die Geisterbahn erkunden.

Kleine große Überra

Überraschungen sind bei einer Geburtstagsfeier das Salz in der Suppe: die Würze, die das Spielen besonders schmackhaft macht. Großartig und aufwändig müssen die Kleinigkeiten nicht sein, die die Kinder von der Geburtstagsfeier mit nach Hause nehmen. Kleine Überraschungen, die originell und witzig sind und bei einem lustigen Spiel gewonnen werden, erinnern Kinder an das besondere Ereignis, an das kunterbunte Fest.

Der Würfelschatz

Vorbereitung: Ein Planschbecken oder eine große Wanne mit Heu, Gras oder Laub füllen. Etwa 30 kleine Preise, z. B. Kaugummis, Nüsse, Müsliriegel ... gut verpacken und im Becken verstecken.
Spielverlauf: Alle Kinder sitzen nicht weit entfernt vom Schatz um einen Tisch herum und würfeln abwechselnd. Sobald einer eine Sechs würfelt, rennt er zum Becken und gräbt nach Schätzen. Die übrigen Spieler würfeln so schnell es geht weiter. Fällt wieder eine Sechs, schreien alle „Halt!" und der erste Gräber muss seine Schatzsuche sofort beenden, weil ja schon der zweite sein Glück versuchen darf. So wird weiter gewürfelt und gegraben, bis schließlich alle Schätze gefunden sind.

Treppenpäckchen

Vorbereitung: Um ein Treppengeländer ein breites rotes Band winden. An das Band viele in Buntpapier gewickelte Päckchen knüpfen, die mit bunten Fäden verschnürt sind.
Überraschung: Tritt während des Festes mal ein Momentchen Ruhe ein, weil alle vom Spielen verschnaufen, darf sich jeder Gast ein Päckchen aussuchen und vom Band abschneiden, die Überraschung auspacken und in seine Sammeltüte stecken.

Taschentheater

Material: Streichholzschachteln, Zahnstocher, doppelseitiges Klebeband
Vorbereitung: Vor der Geburtstagsfeier für jeden Gast ein Minitheater aus einer Zündholzschachtel basteln: Eine Streichholzschachtelhülle mit bunten Papieren bekleben. Die Schublade mit Buntpapier auskleiden und zwei Zahnstocher durch die Schmalseite in die Schublade stecken. Zwei streichholzschachtellange Figuren auf Papier zeichnen, ausschneiden und mit Klebeband an den Zahnstochern befestigen.
Überraschung: Schiebt man die Schublade ein Stück aus der Hülle und dreht an den Hölzchen, dann bewegen sich die Figuren in der Schachtel. Wer mag, erfindet eine kleine Geschichte dazu.

Tipp

Die Minitheater einpacken, auf die Päckchen die Namen der Gäste schreiben, die Päckchen in der Wohnung oder im Garten verstecken und dann von den Mitspielern suchen lassen.

schungen

Mini-Geschenke im Versteck

Vorbereitung: Für jeden Mitspieler auf einen kleinen Zettel ein Bild zeichnen – zum Beispiel einen Hut, einen Saftkrug, einen Topf ... und die Zettel in einen Korb legen. In der Wohnung Minigeschenke unter oder in der Nähe der gemalten Gegenstände verstecken: einen Schokoladenkäfer unter dem Hut, einige Bonbons im Saftkrug ...

Spielverlauf: Jedes Kind nimmt ein Bild aus dem Korb und sucht nach diesem Gegenstand. Findet er ihn, darf er das Minigeschenk das sich darin oder darunter befindet, behalten.

Tipp

Spielgutscheine, zum Beispiel mit dem Versprechen „Wer diesen Zettel findet, hat einen Spielwunsch frei!", können auf der festlich gedeckten Geburtstagstafel unter den Tellern versteckt werden. Die Gutscheine beim Spielleiter zusammen mit einem Spielwunsch einlösen.

Der seltsame Gast

Auf jedem Kinderfest sollte es eine Überraschung geben, von der auch der kleine Gastgeber selber nichts weiß. Eine ganz besonders spannende und lustige Überraschung ist ein Gast, von dessen Erscheinen niemand wusste. Ganz besonders gut eignen sich dazu Omas, Opas, Tanten, freundliche Nachbarn, gegebenenfalls auch eine ganz liebe Kindergärtnerin oder Grundschullehrerin.

Vorbereitung: Der Gast wird heimlich ins Haus gelassen, während die Kinder im Partyzimmer oder im Garten beschäftigt sind. Der Überraschungsgast nimmt in einer Ecke des Zimmers Platz und wird vollständig in Bettlaken, Decken oder Ähnliches gehüllt. Das Licht wird reduziert und schließlich werden alle Kinder in den Raum gerufen.

Spielverlauf: Das überraschte Geburtstagskind darf jetzt Fragen an den Gast stellen, die dieser entweder durch Nicken oder Kopfschütteln beantwortet.
„Bist du eine Frau?" „Hast du graue Haare?" usw.
Sobald das Kind erraten hat, wer sich da unter den Decken versteckt, schlüpft der Gast heraus. Sollte das Kind den Gast durch Fragen nicht erraten, so ist es schon erlaubt, die verhüllte Person abzutasten und vielleicht sogar zu bitten, etwas zu sagen.
Ganz toll wäre es natürlich, wenn dieser Gast jetzt mit den Kindern etwas Besonderes spielen, singen oder basteln würde, das eben nur diese Person so gut kann wie keine andere.

Pausenfüller & Co. - Lustige

Eine handvoll Spiel- und Beschäftigungsideen helfen, kleine Pausen oder unfreiwillige Verzögerungen im Ablauf des Festes spielerisch zu überbrücken und die Kinder bei guter Laune zu halten.

Ping – Pong – Peng

Für dieses lustige Quatschspiel stellen sich alle Spieler im Kreis auf. Das Geburtstagskind beginnt, indem es auf ein anderes Kind zeigt und dabei „Ping" sagt. Dieser Spieler deutet sofort auf einen weiteren Mitspieler und ruft „Pong". Der Dritte zeigt wieder sofort auf ein weiteres Kind und sagt dabei „Peng". So wird immer schneller weitergespielt, bis alle Kinder so sehr lachen müssen, dass niemand mehr genau weiß, ob jetzt „Ping", „Pong" oder „Peng" an der Reihe ist.

Rückenbilder

Vorbereitung: Auf quadratische Zettel mit wenigen Strichen und dicken Stiften unterschiedliche Bilder malen: eine Sonne, einen Baum, ein Haus ... Für jedes Kind ein Bild. Die Zettel am oberen Rand lochen (2 Löcher). Durch die Löcher jeweils ein langes Band ziehen und zu einer Schlaufe verknoten.

Spielverlauf: Die Kinder treten paarweise an – jedes Kind bekommt ein Bild, das auf seinem Rücken baumelt. Die Spieler versuchen so zu springen und zu laufen, dass sie das Bild auf dem Rücken ihres Gegners erkennen können.

Gefrorene Geschenke

Vorbereitung: Für jedes Kind ein Eisgeschenk einfrieren. Kleine wasserfeste Geschenke, zum Beispiel Plastikfiguren, Flummis, schöne Haarspangen, in Jogurtbecher verteilen, die Becher mit Wasser füllen und ins Tiefkühlfach stellen.

Spielverlauf: Die Eisgeschenke unter heißem Wasser aus den Bechern lösen und den Gästen auf kleinen Tellern servieren. Wer kommt am schnellsten an seinen Gewinn und auf welche Art und Weise?

Liederreise

Spielidee: Pfänderspiel

Spielverlauf: Alle Kinder sitzen im Kreis. Ein Vorsänger beginnt, ein bekanntes Lied zu singen, und alle Kinder singen mit. Plötzlich, ganz unerwartet, bricht er das Lied ab. Auch die anderen Sänger müssen sofort schweigen. Wer als Letzter aufhört zu singen, muss ein Pfand abgeben. Am Ende des Festes gibt es Gelegenheit, die Pfänder in der großen Pfänderverlosung wieder zurückzubekommen.

Spiele für Zwischendurch

Knifflige Rätselfragen verkürzen Wartezeiten oder ziehen die Aufmerksamkeit der Kinder an. Deshalb vor dem Fest aus Illustrierten und Kindermagazinen Witze, Rätsel, Zungenbrecher, Rekorde etc. ausschneiden, die Zettel zusammenfalten und in eine Schachtel legen. Bei Bedarf zieht jedes Kind einen Zettel und liest den anderen vor, was darauf steht.

Alle Kinder bauen gemeinsam einen Turm aus Spielkarten, Bierdeckeln, Würfelzucker, Pappbechern, Pfennigstücken oder Stiften.

Eine Spielkiste mit interessantem Inhalt wie Jo-Jos, Gummihüpfschnur, einem Kartenspiel, Stopp-Uhr, Papier, Stiften, Kreide … sorgt in Spielpausen für Unterhaltung.

Pausenfüller

Kleine Pausen, die zum Beispiel dadurch entstehen, dass man warten muss, bis der Michi von der Toilette zurückkehrt oder bis die Anna auch den letzten Bissen ihres fünften Tortenstücks verdrückt hat, können mit lustigen Aktivitäten überbrückt werden:

- Auf einem kleinen Tisch in einer Zimmerecke liegt ein Puzzle, das im Laufe des Festes nach und nach zusammengelegt wird.
- Jedes Kind erzählt einen Witz.
- Geplatzte Luftballons durch neue Ballons ersetzten.
- Jeder Gast darf einen Pappbecher mit Filzstiften und Stickern in ein unverwechselbares Unikat verwandeln.

Nichts wie raus - Spiele

Nach draußen gehen – nicht nur für die Kinder ein Vergnügen, die sich austoben können und meist ein Riesenbedürfnis danach haben, sondern auch eine Atempause für die Erwachsenen, die zwischendurch mal tief Luft holen und in Ruhe durchatmen können.

Bonbon-Kraftfutter

Spielidee: Bonbonjagd

Vorbereitung: Etwa 50 Bonbons einzeln in bunte Papiere oder Folie verpacken. Die Päckchen vor Spielbeginn im Garten oder im Park verstecken.

Spielverlauf: Alle Kinder werden in drei, vier, fünf oder mehr gleichgroße Gruppen aufgeteilt, wobei jede Gruppe mindestens drei Spieler haben muss. In jeder Gruppe wird ein Spieler zum Bauern ernannt. Die übrigen Mitspieler verwandeln sich in Tiere. Der erste Bauer hat vielleicht lauter Kühe, der zweite Bauer lauter Schweine, der dritte züchtet Schafe usw. Dann wird zur großen Bonbonsuche geblasen: Suchen dürfen nur die Tiere, die Bonbons einsammeln aber dürfen nur die Bauern! Hat eine Kuh einen Bonbon entdeckt, bleibt sie an der Fundstelle stehen und muht so lange und so laut, bis ihr Bauer herbeieilt und den Bonbon einsammelt. Sofort darf sich die Finderkuh wieder an der Suche beteiligen. Klar, dass da nach kurzer Zeit ein lautes, lustiges Gequake, Gebelle, Gewieher ... vieler Tierstimmen zu hören ist! Ehrensache ist, dass der Bauer die Bonbons zum Schluss mit seinen Tieren teilen wird.

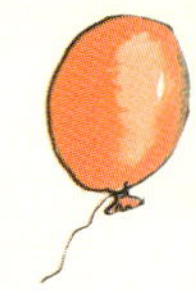

Das Kinderknäuel

Spielidee: Geschicklichkeit und Teamgeist zeigen

Vorbereitung: Eine große stabile Getränkekiste bereitstellen.

Spielverlauf: Auf der Wiese steht eine umgedrehte Getränkekiste. Das Geburtstagskind stellt sich darauf und ruft alle anderen Kinder zu sich. Die klettern jetzt ebenfalls auf die Kiste, was natürlich bald – wegen der geringen Kistengröße – zum Problem wird. Aber die Kinder halten sich gegenseitig fest, bis auch der letzte Spieler einen Platz gefunden hat.

Tipp

Wer das Kinderknäuel noch ganz schnell fotografiert, bevor es lachend auseinander fällt, hat später für alle Gäste ein tolles Erinnerungsfoto.

im Garten oder Park

Kullernde Doppelwalzen

Spielidee: Wettspiel mit Gewinnern

Spielverlauf: Immer zwei Spieler treten gemeinsam als Bodenwalze gegen ihre Konkurrenten an. Die beiden legen sich so auf den Rücken, dass sich ihre Köpfe berühren. Nun nehmen sie ihre Arme über die Köpfe und fassen einander fest an den Händen. Alle Kinderwalzen liegen nebeneinander im Gras und warten auf den Startpfiff. Sobald der ertönt, rollen die Kinder so schnell wie möglich in Richtung auf die Ziellinie zu, die etwa 20 Meter vom Start entfernt ist.

Natürlich dürfen die Kinder dabei ihren Partner nicht verlieren. Gewonnen hat das Team, das zuerst die Ziellinie überrollt.

Sandwichballons

Spielidee: Geschicklichkeit und Teamgeist zeigen

Vorbereitung: Luftballons aufblasen.

Spielverlauf: Je zwei Spieler bilden ein Team. Jedes Team bekommt einen aufgeblasenen Luftballon, der zwischen ihren Köpfen gehalten werden soll. Sobald das Startzeichen gegeben ist, drehen sich die Spieler einmal um ihre eigene Achse, ohne dabei den Ballon zu verlieren und ohne ihre Hände zu Hilfe zu nehmen. Das Spielerpaar, das zuerst wieder in der Ausgangsposition steht, verdient gebührenden Applaus von Zuschauern und Mitstreitern.

Die Siegertrommel

Spielidee: Wettspiel mit Trommelwirbel

Vorbereitung: Vor dem Fest wird ganz geheim irgendwo im Garten, im Hinterhof oder auf der Wiese eine Trommel versteckt. Wer keine echte Trommel besitzt, nimmt einfach einen Topf und einen Kochlöffel als Schlägel.

Spielverlauf: Irgendwann während des Festes wird die große Jagd auf die Trommel angekündigt. Alle Kinder sausen ins Freie und suchen nach dem Instrument. Wer es zuerst findet, macht mit lautem Trommelwirbel auf sein Glück aufmerksam und weist so allen Mitspielern den Weg zum Fundort.

Handtuchkampf

Spielidee: Kräfte messen

Vorbereitung: Auf dem Boden mit Kreide eine Linie von etwa einem Meter Länge markieren. Ein Handtuch bereitlegen.

Spielverlauf: Zwei Kraftmeier stellen sich breitbeinig Rücken an Rücken so auf, dass genau zwischen ihnen die Kreidelinie verläuft. Sie bücken sich, greifen durch ihre Beine nach einem Ende von einem Handtuch und warten auf das Startzeichen. Ein Schiedsrichter gibt das Startzeichen: „Achtung, fertig, ziehhht!" Sofort ziehen beide Kinder aus Leibeskräften am Handtuch, um den Gegner über die Linie zu zerren. Wer die Linie betritt oder hinübergezogen wird, der hat fürs Erste verloren. Aber vielleicht treten die beiden ja gleich zu einer zweiten Runde an!

Seifenblasenschatz

Spielidee: Schatzsuche

Vorbereitung: Für jedes Kind ein Röhrchen Seifenblasen besorgen. Alle Röhrchen in einem Karton verstauen, den Karton in Alufolie packen.

Für die Schatzsuche im Garten oder im Park viele Zettel mit kleinen Aktionen beschriften. Dabei soll jeweils ein Zettel zum nächsten führen. Zum Beispiel:

- Zettel 1: „Gehe zehn Schritte geradeaus und schau dann in die Luft!"
- Zettel 2 hängt nach zehn Schritten an dem Ast eines Baumes. Darauf ist zu lesen: „Suche eine Gießkanne. Und schau unter der Gießkanne nach!"

Spielverlauf: Die Suche endet beim Seifenblasenschatz. Sobald der Schatz geborgen ist, tanzen alle Kinder einen Seifenblasentanz.

Tipp

Ein mit Tiefkühlerbsen gefüllter Luftballon in das Gefrierfach legen. Falls sich ein Kind bei einem Wettspiel eine kleine Verletzung oder Verstauchung zuziehen sollte, legt man das bunte Kühlkissen auf die schmerzende Stelle und siehe da, der Schmerz vergeht ganz schnell. Da die Tiefkühlerbsen im Ballon beweglich sind, kann die „Luftballonkompresse" ideal der verletzten Stelle angepasst werden.

Klammerkampf

Spielidee: Kleiner Wettkampf mit Klammersieger
Vorbereitung: Wäscheklammern bereithalten.
Spielverlauf: Jedem Spieler wird auf dem Rücken eine Wäscheklammer ans Hemd oder an den Pulli gezwickt. Dann sucht sich jedes Kind einen Spielpartner, gibt ihm die rechte Hand und lässt sie bis zum Spielende nicht mehr los. Die Spielpartner versuchen sich gegenseitig die Klammer vom Rücken zu rauben, passen dabei aber zugleich höllisch auf, dass ihnen die eigene Klammer nicht geklaut wird. Wer seiner Klammer beraubt wurde, beglückwünscht den Partner zum Sieg. Dann treten alle Gewinner gleich noch einmal paarweise gegeneinander an, bis schließlich der Sieger im Klammer-Kampf feststeht.

Schwammlauf

Spielidee: Wettspiel
Vorbereitung: Für alle Spieler gleichgroße Küchenschwämme und Pappbecher besorgen. Vor Spielbeginn einen Eimer mit Wasser füllen und an die Startlinie stellen. An einer Ziellinie für jeden Spieler einen Becher aufstellen. Damit es keine Proteste von Verlierern gibt, sollten die Becher vor dem Spiel mit einem Filzstiftstrich „geeicht" werden. Dann ist es jedem Spieler klar, was mit „gefüllt" gemeint ist!
Spielverlauf: Alle Rennläufer stellen sich an der Startlinie nebeneinander auf. Jeder ist mit einem Küchenschwamm „bewaffnet". Sobald das Zeichen „Start frei" gegeben wird, tauchen die Läufer ihre Schwämme ins Wasser und rennen so schnell es geht zur Ziellinie, um dort ihren leeren Becher mit Wasser zu füllen. Jeder Spieler drückt also über seinem Becher den Schwamm gründlich aus und rennt sofort zurück zum Wassereimer, um mehr Wasser zu holen. Das Spiel endet, wenn ein Rennschwammläufer sein Gefäß gefüllt hat.

Autorennen

Spielidee: Wett- und Geschicklichkeitsspiel

Vorbereitung: Wer ein ferngesteuertes Auto besitzt, kann mit Kreide einen Parcour auf den Boden malen und Plastikflaschen, Papprollen und andere kleine, unzerbrechliche Dinge als Hindernisse in den Weg stellen.

Spielverlauf: Jedes Kind darf einmal das Auto die Rennstrecke entlang sausen lassen. Der Spielleiter stoppt die Zeiten. Es gewinnt natürlich derjenige, der trotz harter Konkurrenz die Bestzeit hält.

Würfelpoker

Dieses einfache Spiel ist bei Kindern sehr beliebt, weil es so furchtbar spannend ist. Sehr wirkungsvoll ist ein Riesenwürfel. Das ist ein Karton, der in einen Würfel verwandelt wurde!

Spielidee: Spannendes Glücksspiel

Vorbereitung: Im Garten werden sechs Orte ausgewählt, die nicht zu weit voneinander entfernt sind. An jedem Ort, zum Beispiel am Briefkasten, am Gartentor, am Apfelbaum, am Sandkasten ... wird ein Kärtchen mit einer Zahl von 1 bis 6 angebracht.

Spielverlauf: Zu Beginn des Spiels darf sich jeder Spieler einen Ort aussuchen. Natürlich dürfen beliebig viele Kinder an einem Ort sein. Hat jeder seinen Platz gefunden, würfelt der Spielleiter mit einem möglichst großen Würfel. Je nachdem, welche Zahl fällt, scheiden alle Kinder aus, die sich an diesem Ort befinden. Die restlichen Kinder spielen weiter, suchen sich einen neuen Ort, oder bleiben am alten – je nach Wunsch. So wird weiter gewürfelt, bis schließlich nur noch ein Spieler als Sieger im Würfelpoker übrig bleibt.

Birnen fangen

Spielidee: Geschicklichkeitsspiel

Vorbereitung: Obststücke, Birnen oder Äpfel, mit dicken Stielen an Bänder hängen.

Spielverlauf: Zwei Spieler treten jeweils als Gegner an. Der Spielleiter hält eine Birne an einer Schnur dicht vor ihre Münder. Wem von beiden gelingt es zuerst, ein Stückchen aus der Birne herauszubeißen, ohne die Hände zu Hilfe zu nehmen?

Grünschnäbel

Spielidee: Suchspiel

Vorbereitung: Aus grünem Tonpapier zehn kinderhandgroße Vögel schneiden. Die Vögel an Schlaufen aus grünen Wollfäden hängen und vor dem Fest in den Zweigen von Büschen oder Bäumen verstecken.

Spielverlauf: Auf „Los!" werden alle Kinder auf die Suche nach den Papiervögeln geschickt. Wer findet die meisten?

Goldklumpen

Spielidee: Schatzsuche

Vorbereitung: Einen männerfaustgroßen Stein mit Goldfarbe besprühen. Den Goldklumpen vor dem Fest mitten auf eine Wiese legen. Ein Kästchen mit Goldpapier bekleben.

Spielverlauf: Mit den Geburtstagsgästen über die Wiese laufen, um den Goldklumpen zu suchen. Wer ihn findet, darf ihn gegen ein goldenes Schatzkästchen eintauschen, in dem lauter Dinge liegen, die jedes Kind gebrauchen kann: ein Radiergummi und Bleistift, Lolli und Geduldspiel ...

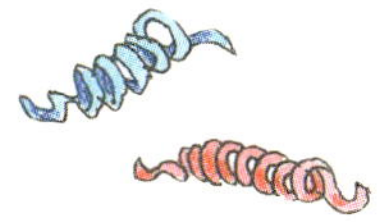

Fritz, der Baum

Spielidee: Suchspiel im Wald oder Park

Vorbereitung: Knetmasse in verschiedenen Farben bereithalten.

Spielverlauf: Alle Mitspieler sitzen auf dem Boden und halten sich die Augen zu. Das Geburtstagskind darf zuerst ausschwärmen und einen Baum verwandeln: An einen Baum klebt es Augen, Nase und Mund aus Knete. Das ist Fritz, der Baum. Dann kehrt es zur Gruppe zurück. Jetzt dürfen sich die anderen auf die Suche machen. Wer Fritz zuerst findet, darf in der folgenden Spielrunde einem Baum ein Knetgesicht geben.

Halli-Hallo

Spielidee: Ballspiel

Spielverlauf: Die Spieler stehen alle in einer Reihe. Jeder hat einen Fantasienamen bekommen. In der ersten Spielrunde steht das Geburtstagskind vor seinen Mitspielern, wirft einen Ball hoch in die Luft und ruft: „Hallihallo für ..." Es ruft den Fantasienamen eines Mitspielers. Der Aufgerufene ist jetzt der Fänger. Er muss zuerst versuchen, den Ball zu fangen. Die anderen laufen derweil weg. Erst wenn der Ball gefangen ist, darf er „Stop!" rufen. Das heißt: Alle müssen still stehen. Nun kann der Fänger versuchen, einen Mitspieler mit dem Ball abzuwerfen. Trifft er, wird der Getroffene in der nächsten Spielrunde zum Werfer.

Hüte fangen

Spielidee: Verfolgungsjagd

Vorbereitung: Für jeden Spieler einen Hut oder eine Mütze bereitlegen.

Spielverlauf: Jedes Kind zieht eine Mütze an oder setzt einen Hut auf den Kopf. Dann beginnt die Verfolgungsjagd: Einer rennt hinter dem anderen her. Jeder versucht beim Rennen, den Mitspielern Hut oder Mütze vom Kopf zu ziehen. Aber bitte fair bleiben! Boxen, Rempeln oder Beine stellen ist nicht erlaubt! Wer behält Hut oder Mütze am längsten auf dem Kopf?

Tipp

Wer Spielpausen mit Überraschungen füllen möchte, kann in Mantel- oder Jackentaschen Kleinigkeiten wie Bonbons, Sticker u.a. deponieren. Alle Kinder dürfen einmal in die Taschen greifen, um dort nach versteckten Schätzen zu suchen.

Ein Momentchen Stille genießen

Beim Draußenspielen zwischen den Jagd- und Toberunden kurze Ruhepausen einlegen, das tut eigentlich allen Kindern gut. Und womit sich während der Pausen beschäftigen?

- Wolken nachschauen: Rücklings im Gras liegen und die Wolken beobachten, die über den Himmel ziehen. Wer entdeckt Figuren in den Wolken?
- In den Wald horchen: Eine Weile mucksmäuschenstill halten und nichts anderes tun als lauschen. Welche Geräusche sind zu hören – nur Vogelstimmen oder auch Verkehrslärm?
- Fühlbilder: Auf dem Bauch im Gras liegen, sich von einem Mitspieler per Zeigefinger Bilder auf den Rücken zeichnen lassen und dann versuchen, diese Bilder zu erraten.

Tipp

Bewegungsspiele im Garten oder Park lassen Kinder ausgelassen spielen und toben. Toll, wenn es zur Abwechslung oder auch zum ruhig werden zwischendurch eine kleine Süßigkeit oder ein Getränk gibt! Praktisch ist ein großer Henkelkorb, in dem, unter einem Küchenhandtuch versteckt, solche Überraschungen warten.

Souvenirs, Gewinne &

Gewinne und kleine Preise gehören zu jedem Fest. Bei den meisten Spielen können sie verteilt werden. Außerdem können die schönsten Erinnerungsstücke für das Geburtstagskind und seine Gäste mitten im Spieletrubel des Festes entstehen.

Andenkenposter

Ein sehr großer Bogen helles Papier oder ein Stück weiße Tapete wird auf dem Boden ausgebreitet. Jedes Kind legt seine Hände auf das Papier und ein Mitspieler fährt die Umrisse der Hände mit einem Filzstift nach. Jeder unterschreibt in seinem Handumriss und wer will, darf noch etwas dazu malen oder schreiben. Wer noch nicht schreiben kann, malt vielleicht ein Selbstporträt oder „unterschreibt" mit seinem Daumenabdruck. Das Poster wird noch mit dem Datum des Festes versehen und im Partyraum oder an der Haustür aufgehängt.

Geburtstagsbuch

Ein kleines Heft oder einen Notizblock in buntes Papier einschlagen. Auf die erste Seite das Datum des Geburtstagsfestes, die Uhrzeit, die Namen aller eingeladenen Freunde und den Ort, z. B. in Omas Garten, am Badesee oder im Park, schreiben. Alle Kinder werden gebeten, zusätzlich zu ihrem Autogramm noch einen Spruch, einen Vers oder eine winzige Bemerkung in das Buch zu schreiben oder ein kleines Bild zu malen. Außerdem sammelt das Geburtstagskind während des Festes alles, was irgendwie von Bedeutung und dabei so flach ist, dass man es ins Gästebuch einkleben kann, z. B. eine Einladungskarte, Pflaster von Philys Knie, eine Haarlocke von Carolyn, ein Stück Kartoffelchip, eine Findel-Haarklammer ...

Geburtstagsshirt

Wer eine überschaubare Zahl an Kindern eingeladen hat, kann für jeden Gast und das Geburtstagskind ein einfarbiges T-Shirt kaufen. Diese werden zum Abschluss mit Stoffmalstiften bunt bemalt. Auf dem T-Shirt des Geburtstagskindes stehen vielleicht alle Namen der Gäste, auf den anderen können Bilder entstehen, die an das Fest erinnern. Selbstverständlich unterschreibt das Geburtstagskind dann eigenhändig jedes Shirt, bevor alle Kinder nach Hause gehen.

kleine Preise

Das Denkmal

Wer bei einem Spiel als Sieger hervorgeht, darf sich auf ein Siegerpodest stellen, das aus Getränkekisten zusammengebaut ist. Der Sieger tut, als wäre er aus Gummi und lässt sich von den Mitspielern in eine beliebige Position bringen. Das Denkmal wird mit einer Polaroid-Kamera fotografiert und das Foto erhält der Sieger als Erinnerung.

Überraschungsballons

Vorbereitung: Für jedes Kind eine klitzekleine Überraschung in einen Luftballon stecken und den Ballon aufblasen. Zum Beispiel Kaugummis, Würfel, Mini-Spielzeugautos, Sticker, Gutscheine, Pröbchen aller Art (Parfüm-, Seifen-, Zahnpasta-, Instantgetränkepulver) und anderes, das klein, interessant und so stumpf ist, dass es den Ballon nicht zum Platzen bringen kann. Alle Ballons aufblasen, zubinden und an einer Schnur von etwa einem Meter Länge befestigen, zu einer Traube zusammenbinden und in eine ruhige Ecke der Wohnung hängen.

Überraschung: Gibt es bei einem Spiel einen oder mehrere Gewinner, darf jeder von der bunten Ballontraube einen Ballon für sich abschneiden.

Tipp

Wer mag, kann die Überraschungsballons auch als Abschiedsgeschenke an die Gäste verteilen.

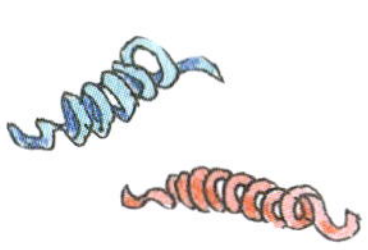

Wer wagt, gewinnt!

Mit einer Knistertüte samt kleiner Geschenke und Gewinne nach einer Geburtstagsfeier wieder abzuziehen, das genießen Kinder sehr. Nicht nur die kleineren Kinder horten ihre Gewinne begeistert, auch die großen haben ihren Spaß an Gewinnspielen mit tollen Preisen.

Punktesammler

Spielidee: Wettspiel mit Preissuche

Vorbereitung: Für alle Kinder ein kleines Geschenk, jeweils in einem andersfarbigen Geschenk-, Bunt-, Pack- oder Zeitungspapier gewickelt, vorbereiten. Von jeder Papiersorte ein kleines Stück in ein Körbchen legen. Für alle Kinder ein Namenskärtchen schreiben, auf dem Punkte gesammelt werden. Vor der Preissuche die Geschenke im Haus oder im Garten verstecken.

Spielverlauf: Statt nach jedem Spiel den Siegern kleine Preise zu überreichen, bekommt zu Beginn des Festes jedes Kind ein Kärtchen mit seinem Namen. Damit beginnt die große Punktejagd. Nach jedem Spiel bekommen die drei schnellsten, geschicktesten oder klügsten Kinder einen Punkt auf ihr Kärtchen.

Geht dann das Fest dem Ende zu, darf sich zuerst derjenige, der die meisten Punkte ergattert hat, ein Papier aus dem Korb aussuchen, dann derjenige mit der nächst höchsten Punktzahl ... Schließlich wird zur großen Preissuche aufgerufen. Alle Kinder suchen nach dem Geschenk, das in das Papier eingewickelt ist, das sie aus dem Körbchen genommen haben.

Las Vegas

Spielidee: Glücksspiel

Vorbereitung: Spielkarten und ein Glöckchen bereitlegen.

Spielverlauf: Drei Spieler stellen sich als Kartenmischmaschinen an einem Tisch nebeneinander auf. Vor jedem Kind liegen drei Spielkarten. Zum Beispiel: Ein Kind besitzt Herz Ass, Herz König, Herz Dame. Ein anderes Kind besitzt Karo Ass, Karo König und Karo Dame und ein drittes Kind hat die gleichen Karten der Farbe Kreuz.

Die Kinder legen ihre drei Karten verdeckt auf den Tisch und mischen sie gründlich. Ein Spieler darf nun sein Glück versuchen. Er stoppt das Mischen der Karten, indem er mit einem Glöckchen oder Schlüsselbund klingelt. Dann wirds spannend. Der Spieler klingelt noch einmal als Zeichen für die Kinder, eine ihrer drei Karten aufzudecken. Sind die drei Karten zufällig alle gleich, d. h. zeigen die Kinder zum Beispiel drei

Tolle Wettspiele

Asse, so hat der Spieler gewonnen. Er wird mit tosendem Applaus und einem Preis beglückwünscht. Sind die Karten aber ungleich, werden sie wieder verdeckt auf den Tisch zurückgelegt. Während die drei Kinder ihre Karten wieder mischen, darf der erste Spieler ein anderes Kind bestimmen, das als nächstes sein Spielerglück erprobt. Wer wohl die meisten Gewinnerpunkte sammelt?

Geschenkerennen

Spielidee: Autorennen mit Gewinnen
Vorbereitung: Für dieses spannende Geschenke-Rennen braucht man eine ungefähr vier Meter lange glatte Bahn, zum Beispiel den Hausflur, für jedes Kind ein Spielzeugauto und natürlich kleine Geschenke.
Spielverlauf: Alle Spieler knien an der Startlinie, vor sich auf dem Boden stellt jeder sein Auto auf. Auf der anderen Seite der Rennbahn, also etwa vier Meter von der Startlinie entfernt, liegt ein kleiner Preis, den es jetzt zu erobern gilt. Nacheinander lässt jeder Rennfahrer sein Auto in Richtung Siegertrophäe sausen. Ist auch der letzte Flitzer zum Halten gekommen, schauen alle Kinder nach, wessen Auto dem Preis am nächsten parkt. Der Sieger erhält den Preis, setzt aber dafür in der nächsten Runde aus und bewacht das zweite Rennen als Schiedsrichter. Erst beim dritten Rennen darf der Gewinner der ersten Runde wieder mitmachen, denn der zweite Sieger ist jetzt der Schiedsrichter.

Die Knochenkiste

Auch Gespenster, Piraten und ähnlich hartgesottene Wesen freuen sich über kleine Preise.
Spielidee: Überraschungsidee für kleine Gewinne
Vorbereitung: Eine Kiste mit Styroporchips, Heu, Sand oder Zeitungsschnipseln bis zum Rand füllen. Mittendrin für jedes Kind nacheinander einen Knochen verstecken, der aus Pappe zugeschnitten und mit einer Nummer beschriftet ist. Kleine Gewinne mit Nummern versehen.
Spielverlauf: Wer einen Preis verdient, begibt sich zur Knochenkiste und darf sein Glück versuchen. Er zwickt seine Augen fest zu und sucht mit beiden Händen in der Kiste nach einem Knochen. Sobald der Gewinner einen Knochen gefunden hat, zieht er ihn aus der Kiste, öffnet die Augen und liest die Nummer auf dem Knochen vor. Diese Nummer zeigt, welchen Preis er bekommt.

Wenn es am Schönsten ist ...

Gerade erst hat das Fest begonnen und jetzt ist es schon fast vorbei. Höchste Zeit, ein paar schöne Erinnerungen daran festzuhalten. Es ist wunderbar, wenn ein Fest mit einem Paukenschlag endet und sich alle Gäste kaum trennen mögen. Die Spiele am Schluss müssen deshalb noch einmal ein richtiger Knüller sein! Freundschaftsbändchen oder kleine Überraschungsgeschenke versüßen den Abschied.

Maskerade

Material: Papiertüten, möglichst alle im gleichen Format, Wasserfarben und breite Pinsel oder Scheren und Farb- oder Buntstifte

So wirds gemacht: Gegen Schluss der Geburtstagsfeier die Tüten in Masken verwandeln. Mit Kinderscheren Löcher für Augen, Nase und Mund schneiden und bemalen:

- Mit grellen Tuschfarben, wenig Wasser und breitem Pinsel Gesichter mit großen runden oder schmalen Augen, mit Stubs- oder Hakennasen, mit Schmoll- oder breit grinsenden Mündern, Ponyfransen oder ein paar Löckchen malen. Kleine zierliche Ohren oder große breitrandige, abstehende Ohren ergänzen.
- Mit dicken Stiften bunte Muster malen.

Freundschaftsbänder

Material: Wäscheband, Filzstifte

Vorbereitung: Das Wäscheband in Stücke schneiden, jedes Stück so lang, dass es ums Handgelenk gebunden werden kann.

So wirds gemacht: Die Geburtstagsgesellschaft verwandelt die Wäschebänder in Freundschaftsbänder: Zuerst werden Bilderleisten gemalt, zum Beispiel Löwen, die hintereinander hertrotten, Sonnen, Monde und Sterne, Blumen und Bäume. Wer mag, kann eventuell Namen und Daten dazu schreiben. Jedes Kind verschenkt sein bemaltes Band an einen Spielpartner seiner Wahl und bekommt zugleich selbst eines um das Handgelenk gebunden.

- Ideen für das Finale

Fledermausspiel

Spielidee: Suchspiel im Dunkeln

Vorbereitung: Aus Tonpapier eine große Fledermaus mit ausgebreiteten Flügeln schneiden. Die Fledermaus draußen verstecken: Mit doppelseitigem Klebeband an einem Garagentor, an einem Baum oder einer Hauswand befestigen.

Spielverlauf: Alle Gäste machen sich gegen Ende des Festes, wenn es draußen bereits dunkel ist, mit Taschenlampen auf die Suche nach der Fledermaus. Wer ist der stolze Finder?

Grabbelsack

Spielidee: Geschichten erfinden

Vorbereitung: In einen Beutel verschiedene Dinge stecken – zum Beispiel: einen Schuhlöffel, einen Eierlöffel, einen Wecker, eine Blüte, eine Haarspange ...

Spielverlauf: Das Geburtstagskind darf in den Sack hineinfassen und blind einen Gegenstand herausgreifen. Zu diesem Gegenstand muss der Spielleiter dann spontan eine Geschichte erfinden, mit der die Geburtstagsfeier endet.

Das „Mitnehmsel"

Leider geht auch das schönste Fest irgendwann einmal zu Ende. Um aufkommende Wehmut im Keime zu ersticken, bekommt jedes Kind am Ende des Festes ein „Mitnehmsel".

Vorbereitung: Kleine Geschenke wie Stifte, Quartette, Mini-Notizblöcke, kleine Bücher, Sticker, Seifenblasen usw. in Geschenkpapier wickeln und in einen Korb legen.

Überraschung: Jedes Kind, das das Fest verlässt, darf sich zum Abschied noch ein Geschenk aus dem Korb aussuchen. Da das Päckchen aber erst zu Hause geöffnet werden darf, hilft die Neugierde, den Abschiedsschmerz schnell zu überwinden.

Tipp

Wer das Abschiedgeschenk bei einem Spiel verteilen möchte, befestigt an jedem Päckchen eine Schnur von einem Meter Länge. Jeder Gast darf ein Schnurende fassen und damit sein Geschenk aus dem Korb „angeln".

Schnell-Such-System für Spiele

	Seite	kurz	länger	drinnen	draußen	jüngere Kinder	ältere Kinder	stille Spiele	Aktions-spiele	Gewinn-spiele	Spiele ohne Verlierer	ohne Vorbe-reitung	wenig Vorbe-reitung
Auf „Los" gehts los! – Starter-Spiele													
Um die Wette füßeln	24		*	*		*			*		*		*
Zwillingshände	24		*	*		*			*		*		*
Hexentanz	24		*	*			*	*			*		*
Vorsicht, Zwilling!	25		*	*			*			*			*
Versteinerungen	25		*	*	*		*	*			*	*	
Stempeljagd	26		*	*	*	*	*		*	*			*
Schnipselpunkte sammeln	26			*	*		*		*	*			*
Doppelhandkunst	26		*	*		*	*	*			*		*
Gerissene Zeitungsbilder	26		*	*	*		*	*		*			*
Spielebörse	27	*		*	*		*		*	*			*
Treppen steigen	27		*	*			*		*	*		*	
Jetzt gehts rund – Spiele im Haus													
Blumen pflücken	32		*	*		*			*	*			*
Lebendige Fotoapparate	32	*		*		*	*	*		*			*
Verschwunden	32	*		*		*	*	*		*			*
Punktekreis	33		*	*		*			*	*			*
Hör doch mal!	34	*		*		*	*	*		*			*
Wunschwürfel	34	*		*		*	*			*		*	
Der Wunschstab	34	*		*		*		*			*		*
Tischtennis-Solo	35	*		*			*	*		*			*
Kartenblitz	35		*	*			*			*		*	
Blitzkostüme	36	*		*		*	*		*	*			*
Tolle Deko-Ideen	36		*	*			*			*			*
Berührungen	36	*		*		*		*			*	*	
Sockenarena	37		*	*		*	*		*	*			*
Würfelspaß mit Gummibärchen	37		*	*			*			*		*	
Kegelnest	37		*	*		*			*	*			*
Mäusekarussell	38	*		*		*			*		*		*
Tassenspiel	38		*	*		*		*		*			*
Der nasse Sack	38	*		*		*			*		*	*	
Geisterbahn	38	*		*		*	*		*		*		
Kleine große Überraschungen													
Der Würfelschatz	40		*	*	*	*			*	*			
Treppenpäckchen	40	*		*	*	*					*		
Taschentheater	40	*				*		*			*		
Mini-Geschenke im Versteck	41		*	*		*			*		*		*
Der seltsame Gast	41		*	*		*			*		*		*

	Seite	kurz	länger	drinnen	draußen	jüngere Kinder	ältere Kinder	stille Spiele	Aktions-spiele	Gewinn-spiele	Spiele ohne Verlierer	ohne Vorbe-reitung	wenig Vorbe-reitung
Lustige Spiele für Zwischendurch													
Ping - Pong - Peng	42	*		*	*	*					*	*	
Rückenbilder	42		*	*	*	*	*		*		*		*
Gefrorene Geschenke	42		*	*		*	*	*			*		*
Liederreise	42		*	*		*		*			*	*	
Pausenfüller	43	*		*	*	*	*	*			*		*
Nichts wie raus - Spiele im Freien													
Bonbon-Kraftfutter	44		*		*	*			*		*		*
Das Kinderknäuel	44	*			*	*	*		*			*	
Kullernde Doppelwalzen	45	*			*	*	*		*	*		*	
Sandwichballons	45		*		*	*	*		*		*		*
Die Siegertrommel	45	*			*	*			*	*			*
Seifenblasenschatz	46	*			*	*			*		*		*
Handtuchkampf	46	*			*	*	*		*	*			*
Klammerkampf	47	*			*		*			*			*
Schwammläufer	47		*		*	*	*		*	*			*
Autorennen	48		*		*	*	*		*	*			*
Würfelpoker	48		*		*	*	*		*	*			*
Birnen fangen	49	*		*	*	*	*		*		*		*
Grünschnäbel	49		*		*	*	*		*	*			*
Goldklumpen	49		*		*	*	*		*	*			*
Fritz, der Baum	49		*		*	*	*		*				*
Halli-Hallo	50		*		*		*		*			*	
Hüte fangen	50		*		*	*			*	*			*
Ein Momentchen Stille	51	*				*		*			*	*	
Wer wagt, gewinnt! Tolle Wettspiele													
Punktesammler	54	*		*	*	*	*		*		*		*
Las Vegas	54	*		*			*			*			*
Geschenkerennen	55		*	*		*			*	*			*
Die Knochenkiste	55	*		*	*	*	*			*			*
Spiele zur Begrüßung, zum Abschied u.a.													
Ich wünsch Dir was!	21	*		*		*	*	*			*	*	
Geburtstagszauber	21		*	*		*			*		*	*	
Geheime Zeichen	23	*		*	*	*	*				*		*
Papierkuchen	23	*		*	*		*	*					*
Blüten sammeln	22		*	*	*					*	*		*
Knabber-Poker	30	*		*		*		*		*			*
Fledermausspiel	57	*			*	*	*			*			*
Grabbelsack	57		*	*		*		*		*			*

Schnell-Such-System rund ums Fest

	Seite	preiswert	schnell vorbereitet	gelingt leicht	gut vorzubereiten
Du bist eingeladen – Originelle Einladungen					
Klingelleute	10	*			*
Der Einladungsblock	10			*	*
Einladungen mit Spitzenrand	11		*	*	*
Ideenbörse für Einladungskarten	11	*			*
Zeitungscollage	12	*			*
Überraschungshaus	12				*
Puzzle im Schatzkästchen	12	*		*	*
Schiffsreise	12			*	*
Kofferclown	13	*			*
Knuspergirlande & Co – Deko-Ideen fürs Fest					
Knuspergirlande	14			*	*
Luftballons	14	*	*	*	
Die Erinnerungsdecke	15		*	*	
Tolle Tischkarten	15	*			*
Herzgirlande	16		*	*	
Sternenfest	16		*	*	
Fransenlook	16	*		*	
Sonnenleuchten	17			*	*
Kunterbunter Schleifenschmuck	17	*		*	*
Bunte Patchwork-Blumen	17	*			*
Märchenschleier	18				*
Gliederkette	18	*		*	*
Bildergalerie	18	*			*
Stoffplakate	18	*		*	*
Pappgäste	19	*		*	*
Festbeleuchtungen	19			*	*
Liebes Geburtstagskind – Der besondere Tag					
Der Geburtstagskranz	20	*			*
Die Geburtstagstasse	20		*	*	
Die Festtagskrone	20				*
Festtagsorden	21	*		*	*

	Seite	preiswert	schnell vorbereitet	gelingt leicht	gut vorzubereiten
Hallo Freunde – Begrüßung der Gäste					
Namensschilder	22	*	*	*	
Glücksbringer	22	*	*		
Sammeltüten	23	*	*	*	
Überraschungsdrinks & Schlemmereien					
Puddingkönig & Puddingkönigin	28	*	*	*	
Quatschtorte	28				*
Glanzlichter	28	*	*	*	
Affenstarke Schokomilch	29		*	*	
Gespensterbrühe	29		*	*	
Schlabberschleim	30	*		*	*
Schokobeeren	30				*
Gefrorene Früchte für kalte Getränke	30			*	*
Knabber-Poker	30		*	*	
Stachelschlange	30				*
Kartoffel & Co	31	*		*	*
Lieblings-Hamburger	31	*			*
Souveniers, Gewinne & kleine Preise					
Andenkenposter	52	*		*	
Geburtstagsbuch	52		*	*	
Geburtstagsshirt	52		*		
Das Denkmal	53	*	*	*	
Überraschungsballons	53			*	*
Wenn es am schönsten ist … Ideen für das Finale					
Maskerade	56	*	*	*	
Freundschaftsbänder	56	*	*	*	
Das „Mitnehmsel"	57				*

Almuth Bartl ist Pädagogin mit langjähriger Berufserfahrung, Mutter von vier Kindern und Leiterin verschiedener Kinder- und Jugendgruppen. Sie gehört zu den Erfolgsautorinnen im Bereich Kinderbeschäftigung auf dem deutschen Markt. Für Christophorus hat Almuth Bartl aus ihrem umfassenden Erfahrungsschatz die schönsten Ideen Kinderfeste zusammengestellt.

Cornelia Nitsch ist Journalistin mit langjähriger Berufserfahrung und Mutter von vier Kindern. Sie arbeitet für die Zeitschrift „Eltern" und gehört zu den erfolgreichsten deutschen Autorinnen im Bereich Elternratgeber und Familie. Erstmalig hat Cornelia Nitsch für den Christophorus-Verlag Ideen für Kinderfeste gesammelt, damit das für Kinder wichtigste Fest im Jahr zum garantiert gelungenen Ereignis wird.

Klaus Puth ist Cartoonist, Illustrator und Autor. Er hat bereits mehr als 50 Titel gestaltet, illustriert regelmäßig Kalender und gehört zu den bekannten Illustratoren für die Bereiche Kinderbeschäftigung und Schulbuch.

ISBN 978-3-419-53350-5

Illustration: Klaus Puth

Coverfotos: Heide Velten,
Ursula Markus, Ulrich Niehoff

Coverentwurf: Network!, München

Fotos: Ursula Markus, Seite 28, 45, 46, 48
Ulrich Niehoff, Seite 20
Hartmut W. Schmidt, Seite 30
Heidi Velten, Seite 51

Layout und Gesamtproduktion:
Uwe Stohrer Werbung, Freiburg

Herstellung: Himmer, Augsburg 2007